PARA MÍ EL VIVIR ES CRISTO

Filipenses 1:21

Un Manual sobre la Vida en Cristo Para Estudios en Grupo

Basado en el Texto
Hacia La Felicidad

Escrito Por:
Charles R. Solomon, Ed.D.

Publicado por:
Grace Fellowship International
P.O. Box 368
Pigeon Forge, TN 37868
www.GraceFellowshipInternational.com
Phone: (865) 429-0450

ISBN 978-0-9965249-6-4

Diseño de la portada del libro por
Mark S. Phillips
www.marksphillips.com

Impreso por
Lightning Source Inc.
www.lightningsource.com

Traducido del original por:
EPN Inc.
P. O. Box 341944
Tampa, FL 33694

A menos que se indique; las citas de las escrituras son de La Santa Biblia-Reina Valera 1960 (RV 1960)

GRACE FELLOWSHIP INTERNATIONAL
P. O. Box 368
Pigeon Forge, TN 37868
(865) 429-0450

PARA MÍ EL VIVIR ES CRISTO
Filipenses 1:21

Para mí el vivir es Cristo;
En Él tengo todo mi ser
Contrario a lo que siento
Creyendo ahora es mi poder ver.

Para mí el vivir es Cristo;
Mi única Fuente Él es. (Colosenses 3:4)
Permitiéndole vivir sin remordimientos,
Mi vida es.

Para mí el vivir es Cristo;
Él es mi Satisfacción.
Desde que al pecado muerto soy, (Romanos 6:7)
No hay ninguna otra atracción.

Para mí el vivir es Cristo;
Solo Él es mi fuerza. (Filipenses 4:13)
Me salvó del pecado y de mí mismo,
No hay límite en Su ternura.

Para mí el vivir es Cristo;
Él es mi provisión entera. (Filipenses 4:19)
En la Gloria Él vive
Y, en mí, hasta que muera. (Gálatas 2:20)

Para mí el vivir es Cristo;
Él es mi todo y en todo. (Colosenses 3:11)
Cada necesidad suministrada
Cuando a El clamo. (Juan 15:16b)

Para mí el vivir es Cristo;
En Él encontré mi reposo (Hebreos 4:9,10)
Mientras yo permanezco en Él, (Juan 15:5)
Me bendice con paz y gozo. (Juan 14:27; 15:11)

PRÓLOGO

El precursor a este cuadernillo (utilizando los materiales del Dr. Solomon) originalmente fue concebido y preparado por el Rdo. Richard Wiens en la Iglesia Woodbury Community cerca de St. Paul Minnesota. El Rdo. Stoney Shaw hizo algunas adiciones y fue usado en Park Avenue Baptist Church en St. Louis Missouri. El Rdo. John Shepherd hizo otros cambios y lo usó en Chilhowee Hill Baptist Church en Knoxville, Tennessee. El Rdo. John Woodward también editó y ha modificado el cuadernillo. Creemos nosotros que el Cuerpo De Cristo será bendecido y enrique- cido por sus contribuciones y la incitación consiguiente del Espíritu Santo para hacerlo extensamente disponible en su forma presente.

Esta edición ha sido ampliamente editada por el Dr. Solomon, para utilizar en este país y como un modelo genéri- co para la traducción a otros idiomas. Es conveniente para el uso en una clase de nuevos miembros, la clase de nuevos Cristianos, la clase de Escuela Dominical en una iglesia o por un estudio de grupo, un estudio Bíblico de comunidad, o un grupo celular para poner el fundamento para discipular.

Y el que no lleva su cruz y viene en pos de mí, no puede ser mi discípulo (Lucas 14:27).

Este cuadernillo al ser utilzado con el libro *Hacia La Felicidad* puede servir como un instrumento útil para un creyente para ayudar a otros en su crecimiento espiritual.

DE CORAZÓN A CORAZÓN

Cuando llegamos al lugar de una entrega total a dar
Y nuestro corazón clama por Dios,
La única persona cuyo corazón al nuestro puede encontrar,
Es el de alguien que también a Él se ha dado.

Otros pueden ofrecer una palabra de ánimo
Para levantarnos de la desesperación,
Pero por encima del resto, al que oímos
Es al que nos susurra, "He estado allí".

PARA MÍ EL VIVIR ES CRISTO

1ª PARTE:
MI NUEVA VIDA EN CRISTO

¿Quién soy yo? ¿Qué significa estar "en Cristo"?

Como cristianos, es posible para nosotros estar operando bajo una "identidad errónea" (una que hemos aprendido por otros o una que nosotros mismos hemos desarrollado) y no estamos seguros de nuestra propia identidad en Cristo.

Este estudio se ha desarrollado a partir del material presentado por Dr. Charles Solomon, en su libro, *Hacia la Felicidad* y el Instituto Solomon.

> *Nuestra oración es, "para que el Dios de nuestro Señor Jesucristo, el Padre de gloria, os dé espíritu de sabiduría y de reve- lación en el conocimiento de él, alumbrando los ojos de vuestro entendimiento, para que sepáis cuál es la esperanza a que él os ha llamado, y cuáles las riquezas de la gloria de su herencia en los santos* (Efesios1:17,18).

> *… y conoceréis la verdad, y la verdad os hará libres* (Juan 8:32).

LECCIÓN 1
EL DISEÑO DE DIOS PARA EL HOMBRE

Introducción

Cristo está en nuestra vida, pero puede estar ahí sin ser (estar en) el centro de la misma. Trágicamente esto es cierto en muchos grandes cristianos. De hecho, una persona puede estar tan ocupada con su vida, que Cristo puede permanecer en la periferia... El resultado es que Cristo no es (está en) el centro de su vida. Pero a consecuencia de las pruebas y adversidades que Dios permite en nuestras vidas, podemos darnos cuenta de que necesitamos a Cristo en el centro de nuestras vidas—y no sólo en algún lugar de la periferia. Si Cristo no está en el centro, alguien más (o algo) lo está. La persona o cosa que es tan importante que se convierte en la fuerza motivadora de nuestras vidas es a la que nos referimos como el centro de nuestra vida.

El centro podría estar ocupado por alguna persona: el padre, la madre, el marido, la esposa, un hijo, el novio o la novia—alguna persona en nuestra vida a quien queremos agradar o satisfacer, o que queremos que nos satisfaga, para que así podamos sentirnos bien con nosotros mismos... El "yo" en el centro del círculo puede ser el éxito, independientemente de cómo definamos éste en nuestra vida... Para un adicto sexual, el sexo puede ser la cosa más importante en la vida, puesto que está completamente centrado en él. Para algún otro podrían ser las drogas y la sensación de su efecto... Todas estas manifestaciones representan cosas que nosotros deseamos o algo que creemos que nos va a dar satisfacción...

El "yo" en el centro de la vida significa que nosotros estamos en control, o por lo menos intentamos estarlo. Desde luego, nadie es capaz por sí mismo de controlar su propia vida. El profeta Jeremías dice:

> *...ni del hombre que camina es el ordenar sus pasos* (Jer. 10:23b)

Estamos diseñados de forma tal que, si rendimos nuestra voluntad..., Dios controlará nuestro espíritu, nuestro es- píritu controlará nuestra alma, y nuestra alma controlará nuestro cuerpo. Este es el plan de Dios, y para que funcione, Cristo tiene que estar en nuestra cabina de control.

Hacia la Felicidad
Págs. 36-38

LECCIÓN 1
EL DISEÑO DE DIOS PARA EL HOMBRE

La composición del hombre es extremadamente importante cuando nos atrevemos a analizar el funcionamiento del humano más allá del nuevo nacimiento. Mientras que nosotros no intentamos mostrar lo que fue hecho nuevo o qué fue crucificado, entonces no se ve importante. O si queremos conformarnos con respuestas psicológicas a un problema espiritual, podemos ignorar la manera en que Dios ha creado el ser humano para adoptar un modelo psi- cológico errado.

Cuando entramos en las trincheras con un creyente para hacer la batalla espiritual, nos conviene una posición en la que Dios honra, con la transformación espiritual. Si nuestra misión es la de buscar y destruir, debemos aislar al enemigo, que es la vida carnal; si simplemente queremos aplacar los síntomas, nos podemos conformar con el alivio sintomático y no acabar con el enemigo (la vida carnal) que es endémico para cada creyente.

Si queremos ir más allá de la justificación hacia la santificación o el discipulado bíblico, es de vital importancia ser concretos en nuestras definiciones, lo cuál es nuestra base de función si vamos a ser bíblicos en nuestra dirección espiritual—y si es el Espíritu Santo quien debe dirigir tal dirección con las vidas transformadas.

El Hombre: Una Tri-Unidad

La Biblia nos dice que Dios nos ha creado a cada uno como una "Tri-Unidad" (hechos en tres partes). ¿Cuáles son estas partes? Lean 1 Tesalonicenses 5:23 y Hebreos 4:12.

____

____

____

____

Cada uno de nosotros tenemos 2 partes separables (lo material y lo inmaterial—Mateo 10:28, pero tres partes <u>distinguidas</u>.

EL HOMBRE—UNA TRI-UNIDAD

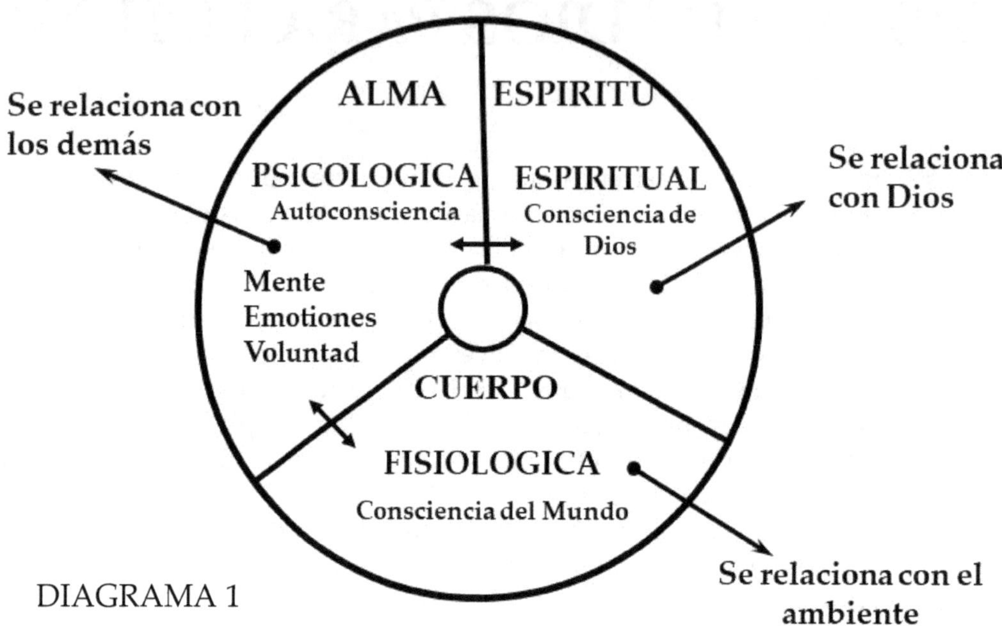

DIAGRAMA 1

La Intuición	Esta es la capacidad de percibir la verdad spiritual (1 Cor. 2:14,15)
La Conciencia	Esta es la capacidad de discernir el bien del mal
La Comunión	Esta es la capacidad de tener una relación personal con Dios.

Nuestro Espíritu se relaciona con ______________________

Nuestra Alma se relaciona con ______________________

Mente	"nuestro pensador"	Nuestra Personalidad
Voluntad	"nuestro escogedor"	
Emoción	"nuestros sentimientos"	

Nuestro Cuerpo se relaciona con ______________________

Cada parte del ser humano tiene una función especial en relacionarse con Dios, con otras personas, y con el ambiente. Adicionalmente cada parte también se relaciona con las otras partes en el mismo ser humano, (vean las flechas internas). El alma es el intermediario entre el espíritu y el cuerpo.

Por ejemplo, las condiciones físicas, como el desequilibrio hormonal en el cuerpo pueden llevar a problemas emocionales en el alma. También es cierto lo contrario: los síntomas psicológicos en nuestra alma pueden afectar a nuestros cuerpos, por ejemplo, (p.ej., la tensión puede causar dolores de cabeza, úlceras, etc. y también crea desequilibrio hormonal).

Además, los síntomas psicológicos de nuestra alma pueden afectar nuestra relación espiritual con Dios; mientras tanto, los síntomas espirituales pueden amplificar los síntomas psicológicos existentes.

NOTEN: Los síntomas psicológicos y síntomas físicos resultantes tienen su raíz en un problema espiritual. ¡El hombre natural es inadecuado en enfrentarse y solucionar síntomas psicológicos! La solución debe lidiar con el problema de raíz y no sólo con el síntoma. El signo de interrogación (?) en el centro del diagrama de la página anterior representa qué o quién está ejerciendo control sobre la vida.

Debemos tratar con el problema desde su raíz espiritual y no solamente aplicar una venda curativa en los síntomas superficiales, la solución también debe ser espiritual. Así, el Espíritu de Dios es el Consejero necesario. Aparte de este trabajo del Espíritu, los recursos humanos solos son inadecuados para enfrentarse y resolver los síntomas psicológicos.

El signo de interrogación (?) en el centro del diagrama en la página anterior, representa la pregunta a la cual cada uno de nosotros debemos dirigirnos: ¿Cuál es mi fuente funcional de vida? Esto incluiría las cuestiones de nuestra identidad, nuestros recursos y nuestro control.

EL PROBLEMA ESPIRITUAL DEL HOMBRE PERDIDO

¿Cuál es el problema espiritual del hombre perdido?

Romanos 3:23

____

____

Romanos 5:12

____

____

1 Corintios 15:22

____

____

Efesios 2:1

____

____

En nuestra condición inconversa, nuestro espíritu y el Espíritu de Dios están separados, y nuestro espíritu es "hecho muerte" (no se puede relacionar) con Dios. (NOTEN: aunque el espíritu de un incrédulo está muerto hacia Dios, todavía existe y está consciente de la esfera espiritual (dominio de Satanás, Efesios 2:2).

UN NUEVO ESPIRITU

Cuando una persona recibe a Cristo, ¿qué es lo que ocurre en la porción que es el espíritu de nuestras vidas? Lean:

Ezequiel 36:26,27

____

____

Romanos 8:9

____

____

1 Corintios 6:17

____

____

2 Corintios 5:17,21

____

____

Por favor resuma lo que sucede cuando ha nacido de nuevo:

____

____

____

____

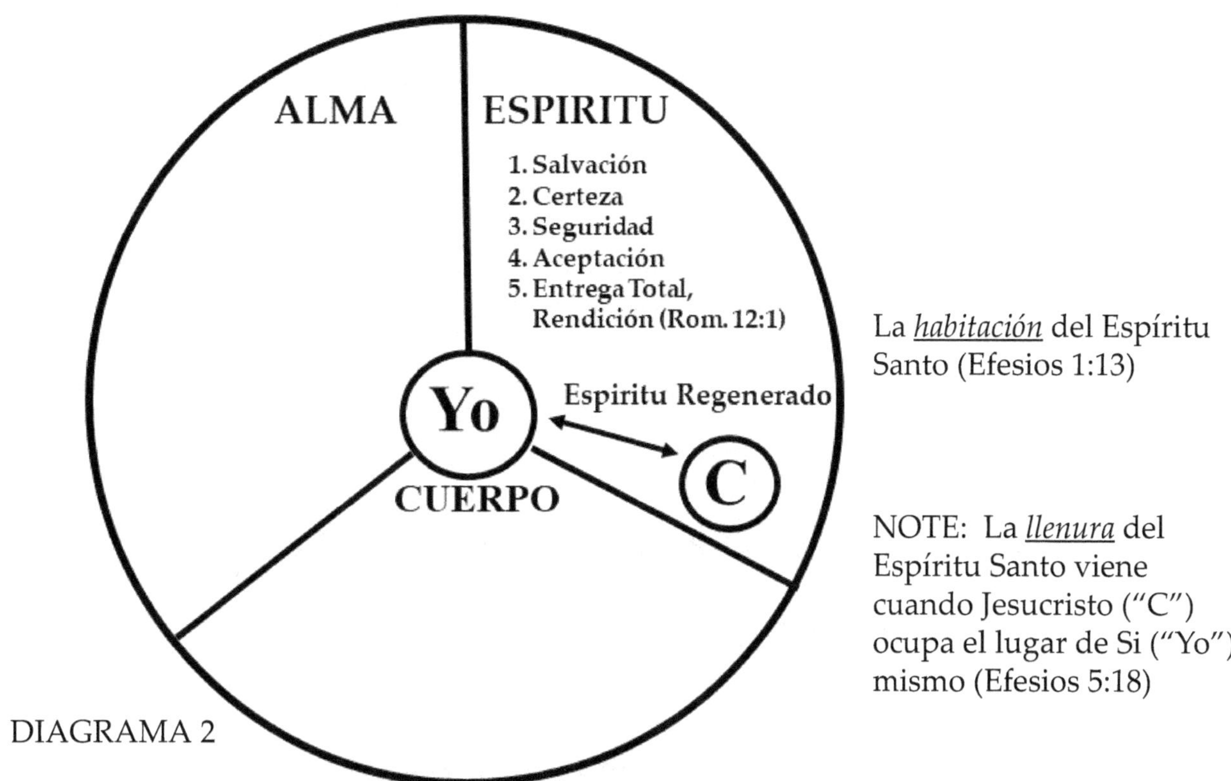

La *habitación* del Espíritu Santo (Efesios 1:13)

NOTE: La *llenura* del Espíritu Santo viene cuando Jesucristo ("C") ocupa el lugar de Si ("Yo") mismo (Efesios 5:18)

DIAGRAMA 2

Cristo (representado en el diagrama anterior por "C") entra en la parte del espíritu del creyente al tiempo de la salvación y se unió con nuestro nuevo espíritu, lo ocupa totalmente con Su Persona completa y Su vida. ¡Nuestro espíritu ahora es completo, perfecto y justo! Muchas verdades importantes deben ser entendidas como resultado de esto: La Salvación, La Certeza, La Seguridad, La Consagración Total o La Entrega Total. Estas verdades emocionantes serán examinadas con más detalles.

EN EL CENTRO: ¿CRISTO O SI MISMO ("YO")?

¿Es posible que Jesucristo esté en nuestras vidas, pero no controlando el mero ser de nuestras vidas?

Podemos elegir 'alguna cosa' más para ser el centro de nuestra vida—Ya sea el éxito, los deportes, el sexo, una casa, un automóvil, alguna persona—un padre, una madre, una esposa, uno de los hijos, un novio, una novia—el dinero, las drogas, y a menudo, un trabajo. También es posible que una persona que nos disgusta pueda llegar a ser el enfoque central, ya que nos estamos dejando ser controlados por nuestra reacción a esa persona.

Describa con sus palabras, lo que significa tener uno o todos de los mencionados anteriormente, sean personas o cosas, como el centro de nuestra vida.

____

____

Todos los síntomas que aparecen en "el alma", de acuerdo a la lista del diagrama siguiente son las indicaciones de una raíz más profunda de un problema que puede ser resumida en el término "el yo en el centro". La Biblia llama esta condición en nuestras vidas "andando conforme a la carne". (Este tema será discutido con más detalles en otras sesiones que siguen.)

NOTEN: La vida de "yo en el centro" no es el alma o la personalidad, pero a menudo es una condición de ello.

Como las presiones externas de la familia, el trabajo, las circunstancias, etc., entran en nuestras vidas, nos frustramos debido a nuestra inhabilidad de hacer frente a la situación. Entonces respondemos a esta frustración con hostilidad, que puede ser expresada en apariencia, por ejemplo, culpando a otros, o a la situación, o interiormente (resultando en síntomas tales como la depresión, la ansiedad, los pensamientos obsesivos, etcétera).

EL PROBLEMA ESPIRITUAL DEL HOMBRE SALVO

LA VIDA CRISTIANA CARNAL

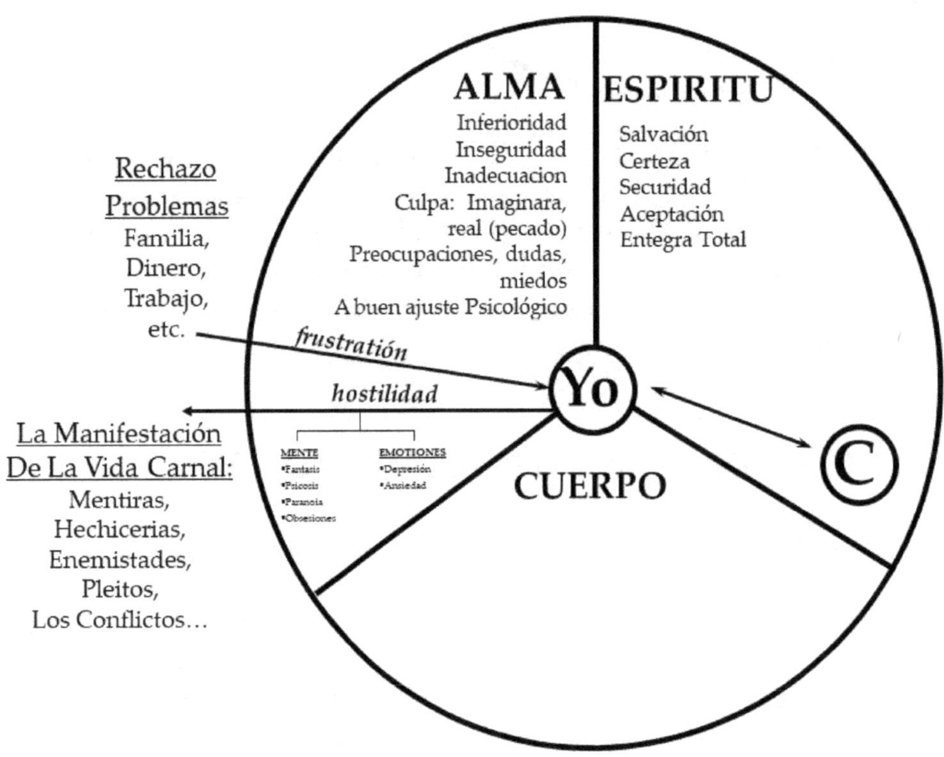

"*Haciendo*, Con el Fin de *Ser*"
Viviendo Bajo La Ley

DIAGRAMA 3

¿QUIEN ESTA EN EL CENTRO DE SU VIDA?

Cuando Jesucristo no es el centro de nuestras vidas, esto puede causar problemas en lo psicológico o en la parte de nuestra alma, lo que puede causar diferentes problemas físicos a lo largo de un período de tiempo.

El Plan de Dios

¡Hay buenas noticias! ¡No es la voluntad de Dios que nuestra vida sea parecida al diagrama anterior! Dios nunca ha deseado para nosotros el poder simplemente adaptarnos.

Él puso a Su Santo Espíritu dentro nosotros—Su Vida Sobrenatural—para ser victoriosos sobre las circunstancias y presiones que confrontamos. (Muchos creyentes cometen el error en pedirle a Dios que los ayude, en lugar de rendirse a Su Espíritu a fin de que Él pueda llenarlos y vivir en y a través de ellos.)

¿Cuáles son las características de la Vida de Cristo que podemos apropiarnos cuando Cristo está en el centro de nuestras vidas?

Juan 15:11:

____

____

Filipenses 2:5:

____

____

Filipenses 4:6,7:

____

____

____

____

Filipenses 4:13:

____

____

Filipenses 4:19: ____

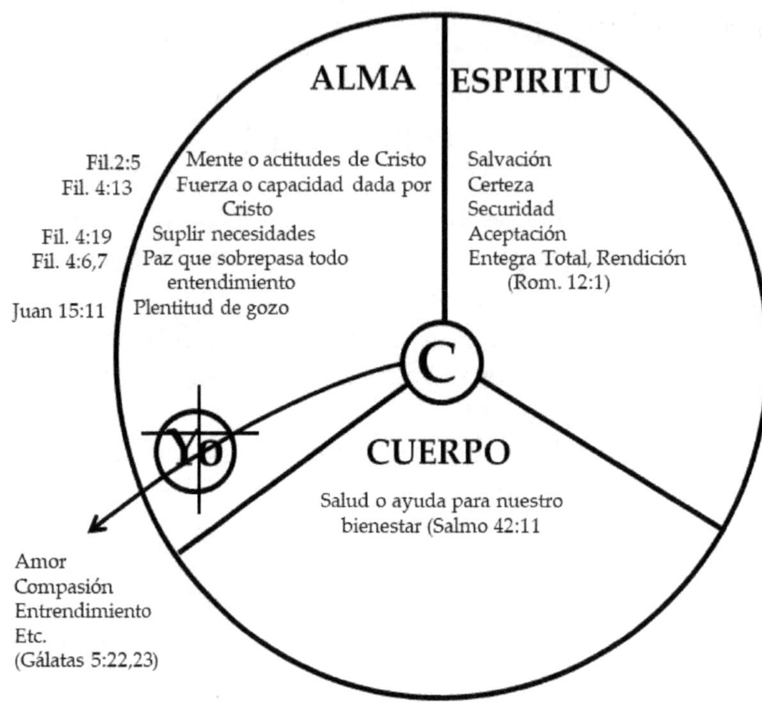

DIAGRAMA 4

Siendo, Con el Fin de Hacer Viviendo Por Su Gracia

Podemos experimentar a Cristo como el centro de nuestras vidas y tener Su Mente, Su Fuerza, Su Provisión, Su Paz, Su Gozo, Su Salud (o ayuda con nuestro semblante).

Esto es lo que este estudio nos ayudará a descubrir: ¡Cómo intercambiar la vida de 'yo' por la vida de Cristo y vivir la Vida Victoriosa en Cristo!

El siguiente poema aborda aspectos de la composición y el funcionamiento del creyente que se han pasado por alto con frecuencia en el ministerio de enseñanza de la iglesia.

Al leerlo, haga notas de áreas que necesita el Espíritu Santo dirigirle en la verdad ya que comienza este estudio de la Vida en Cristo – también es reconocido como:

- La Vida que Permanece en El
- La Nueva Vida Intercambiada
- La Vida Llena—Por El Espíritu
- La Vida Abundante
- La Vida Crucificada
- La Vida Cristiana Victoriosa
- La Vida bajo Su Señorío
- Identificación con Cristo

¿LA CRUZ DE JESÚS PARA MÍ?

Experimenta la Cruz,
Mi Salvador dijo;
Hacia el poder del pecado
Considérate muerto de ello
Pero, Señor, me siento tan vivo a ello
Y mi vida no se puede alinear.
A los mandamientos de Tu Palabra;
Son demasiados para mí llevar.

Deseo cumplir Tu voluntad
Pero algo dentro de mi protesta:
¿Puede ser mi antigua naturaleza?
¿Estoy todavía en sus instancias?
O, es tal como Tú dices—
¿La carne que aún prevalece?
Y que del poder del pecado
¿Qué me continuamente interpone?

Yo sé que he renacido
Y que moras en mi corazón,
¿Pero, como puedo yo alcanzar
La senda tan alta y santa?
¿Y dónde y que está en mi corazón?
¿Son lo mismo, mi espíritu y mi alma?
En verdad, ¿qué ha cambiado
Desde el tiempo que entraste en mi vida?

Me han enseñado que hay una lucha
Entre la nueva y antigua naturaleza,
Y es un conflicto verdadero,
Tanto como se nos dice en Romanos 7
Y si tengo un espíritu
¿Que se distingue de mi alma?
¿Si no es así, sólo tiene la regeneración
Actitudes que se cambian como su meta?

Y ya que estamos hablando, Señor",
Su iglesia enseña en estos días
Que la carne y el viejo hombre son uno,
Provocando la confusión dominar,
Desde que el viejo hombre esta crucificado
La carne seria también desarrollada
Para que el pecado se manifieste
No hubiera ninguna manera.

La perfección sin pecado es la matriz y el lloro
Para ellos quien a la cruz opone;
Sin realizar que el poder del pecado
La carne reconoce;
Jesús murió al pecado una vez,
Aun el pecado sigue el vivir;
Aunque el hombre viejo murió,
Aun con el pecado competir.

Si, el pecado es la yerra al tiro,
También es rebeldía a la Ley de Dios,;
El pecado es un poder fuerte—
No es solamente algo que hacemos.
Para ser limpio,
El confesar los pecados es amonestado;
Aun debemos estar sensibles
En tratar con el poder del pecado.

Pero, Señor, esto es tan sencillo
¿No es la educación importante?
¿Sera mi confianza en Mi Salvador
Confundido en mi psique?
Y lo de mi desequilibro químico—
¿Aun puedes obrar en ella?
¿Eres agraviado con las dependencias humanas
Aunque se aplican, el pecado según domina?

Una nueva vida prometes
En lo que la vida viejo yo pierdo;
Se aumenta la agitación
En lo que elijo contra si mismo.
Las respuestas del hombre apelan
Si el control yo puedo tomar,
Pero en los años del esfuerzo propio
Me ha llevado al sufrimiento cargar.

Bueno, Señor, ha sido un placer hablar
Sobre nada que nuevo para ti de controlar;
Aunque en Ti, yo soy completo
Es mi mente, cual Tú tienes que renovar.
Desde que estoy crucificado al mundo
Y el mundo a mi ser,
Yo me considero muerto al pecado
Para que a Ti, el mundo pueda ver.

LECCIÓN 2
MI VIEJA IDENTIDAD

Introducción

Su entrada en nuestra vida produce un nacimiento espiritual que es sólo el comienzo de nuestra vida en Cristo. Antes de que confiemos en el Señor Jesucristo mediante una rendición personal, el Espíritu Santo debe convencernos de que nacemos pecadores.

El apóstol Pablo concluyó:

> *Por tanto, como el pecado entró en el mundo por un hombre* (Adán), *y por el pecado la muerte, así la muerte pasó a todos los hombres, por cuanto todos pecaron* (Rom. 5:12).

Puesto que nacemos con una naturaleza pecaminosa o "viejo hombre" (Rom. 6:6; Efe. 4:22), cometemos pecados de forma natural. Pablo siguió diciendo:

> *Por cuanto todos pecaron y están destituidos de la gloria de Dios* (Rom. 3:23).

El castigo por el pecado se establece en:

> *Porque la paga del pecado es muerte; más la dádiva de Dios es vida eterna en Cristo Jesús Señor nuestro* (Rom. 6:23).

La pena de la muerte debe pagarse y ha sido pagada:

> *Mas Dios muestra su amor para con nosotros, en que siendo aún pecadores, Cristo murió por nosotros* (Rom. 5:8).

Cuando estamos dispuestos a admitir que somos impíos y a creer en el Señor Jesucristo, entonces seremos justificados y considerados justos a los ojos de Dios.

> *Mas al que no obra, sino cree en aquel que justifica al impío, su fe es contada por justicia* (Rom. 4:5).

El método es muy sencillo. Sólo creemos lo que la Biblia dice de nosotros (que somos pecadores impíos), y también creemos lo que la biblia dice del Señor Jesús (que era y es Dios, que murió por nuestros pecados y que resucitó de entre los muertos). Lo anterior está claramente establecido en las Escrituras:

> *...que si confesares con tu boca que Jesús es el Señor, y creyeres en tu corazón que Dios le levantó de los muertos, serás salvo. Porque con el corazón se cree para justicia, pero con la boca se confiesa para salvación.* (Rom. 10:9,10)

Según la infalible Palabra de Dios, Él nos salva cuando creemos y le invocamos. Después de haber solucionado el asunto de la salvación en nuestras vidas, debemos aprender a regocijarnos en la certeza de que Dios ha hecho lo que dijo que haría.

Hacia La Felicidad
Páginas 29-30

LECCIÓN 2
MI VIEJA IDENTIDAD

¿Por qué es importante conocer lo que es nuestra antigua identidad? En Lucas 9:23 Jesús nos declara que debemos "negarnos a nosotros mismos y tomar la cruz" diariamente; debemos saber qué es lo que tenemos que negar.

El Crisis de la Identidad

¿Si todas las preguntas de todos los tiempos fueran resumidas en una o dos preguntas, cuáles serían?

____

____

____

La pregunta resonante que oímos por todo el mundo, ya que la humanidad busca el sentido y la identidad, es: "¿Quién Soy Yo?" (Si no es comunicada verbalmente, esta pregunta es evidente en sus acciones).

Hasta los cristianos pueden experimentar una "Crisis de Identidad" debido a la ignorancia o incomprensión de su nueva identidad en Cristo.

La Necesidad de La Vida

Nuestra "Vida en Adán'
("Quiénes Éramos")

El siguiente diagrama compara las dos identidades que abarcan toda la humanidad; somos personas en Adán o personas en Cristo con variaciones innumerables de cada uno. Así que la última pregunta que cada uno de nosotros debe contestar es: "¿Estoy en Adán o en Cristo, y cómo se refleja esa identidad en mi vida?

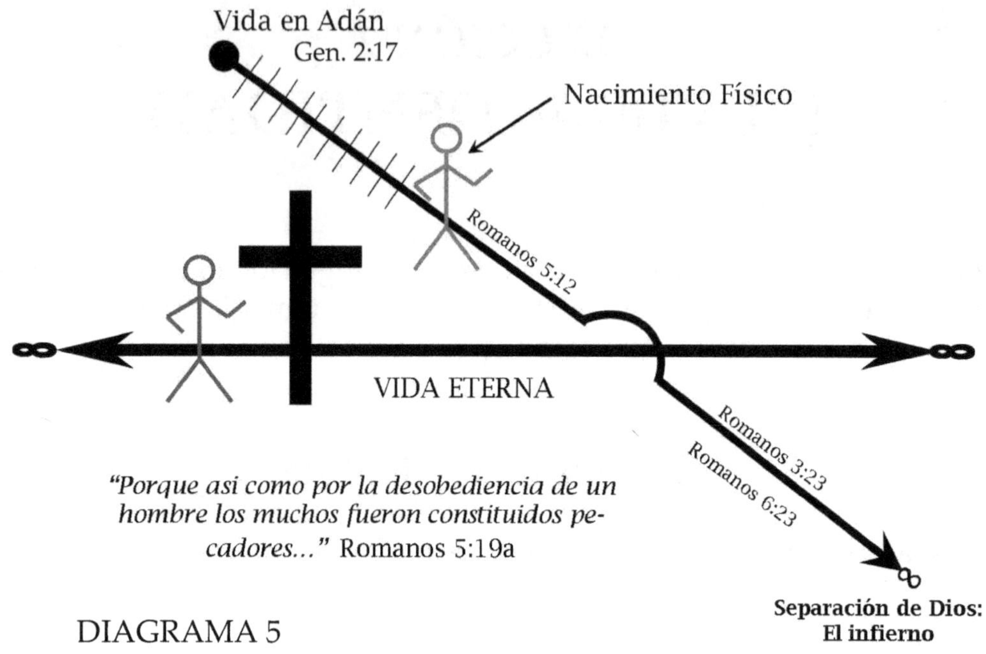

DIAGRAMA 5

Cuando nacimos físicamente en este mundo, éramos capaces de hacer remontar nuestra existencia a través de nuestros padres, abuelos y así sucesivamente (ver el diagrama de arriba—las generaciones son indicadas por las marcas en la línea) desde el principio. Lo podemos rastrear desde Adán, por ejemplo: antes de nacer, estábamos "en" nuestro padre, y antes que nuestro padre hubiera nacido, él estaba "en" su padre. Si Adán no hubiera engendrado hijos, ¿ten- dríamos algún problema hoy?

____

____

____

Por lo tanto, nuestra existencia comenzó "en Adán". ¿Dónde estábamos cuando Adán estaba en el Jardín?

____

____

Si estábamos "en Adán" en el jardín de Edén, ¿dónde estábamos cuando Adán pecó?

____

____

Por lo tanto, desde que estábamos "en Adán" ¿quién también peco? (Romanos 5:12)

____

Lean Génesis 2:16,17. ¿Qué dijo Dios que le sucedería a Adán si desobedeciera a Dios y comiera del árbol prohibido? Explique en sus propias palabras, lo que Usted cree que esto significa (p.ej. ¿qué tipo de "muerte" resultó?).

____

____

____

____

Eventualmente la muerte física era el resultado del pecado. Pero Adán (después de la caída) había muerto, por lo tanto, cada uno de nosotros, estábamos muertos espiritualmente a Dios (separados de Dios). Resuma los siguientes versículos:

Salmos 51:5

____

Isaías 53:6

____

Romanos 3:23

____

Romanos 5:12,19

____

1 Corintios 15:22a

____

____

Efesios 2:1

____

VERDADERO o FALSO

Según a los versículos anteriores,

__________ Nacimos con una naturaleza pecaminosa

__________ Somos pecadores sólo al momento que pecamos por primera vez

__________ Estamos separados espiritualmente de Dios porque Adán era nuestro padre, y el pasó esta muerte espiritual a nosotros.

__________ Somos pecadores y estamos en esclavitud al pecado, porque hemos nacido con una naturaleza pecaminosa.

Nuestra "vida", entonces en Adán, no fue realmente la vida, sino la

____

Le Pena (La Paga) Del Pecado

Lean Romanos 6:23, Efesios 4:18, y Hebreos 9:27. Resuman la pena del pecado.

____

____

____

¿Es esta verdad finalmente la muerte eterna en el infierno, si una persona no recibe a Cristo?

____

____

La Pena Debe Ser Pagada

¿Qué declaran lo siguientes versículos sobre la justicia de Dios al tratar con el pecado?

Salmos 89:14

Romanos 2:6,8,9

Juan 5:30

Hechos 17:31

Hebreos 9:27

Reflexione sobre esta pregunta: Si Dios no fuera a juzgar el pecado, ¿qué implicaría esto sobre Su naturaleza?

¿Cuál es la diferencia entre la justicia de Dios y la justicia del hombre?

Cristo Pagó La Pena Del Pecado

Lea y resuma brevemente con una frase los siguientes versículos:

Isaías 53:6b

___

Romanos 5:8

___

2 Corintios 5:21

___

Hebreos 9:22b

___

1 Pedro 2:24

___

1 Pedro 3:18

___

NOTEN: En la Cruz, Cristo murió por todos nuestros pecados (los pasados, los presentes, y los del futuro). El pagó el precio por el pecado, (la muerte) que nosotros merecimos.

Al mismo tiempo, el hombre viejo o el espíritu que no es regenerado fue crucificado (Romanos 6:6, Gálatas 2:20) y fue reemplazado por el espíritu regenerado, o sea, el hombre nuevo (Colosenses 3:9,10). Esto será discutido en más detalle en las lecciones que siguen.

Basado en estas percepciones bíblicas; ¿cómo explicarías la advertencia que se encuentra en Hebreos 2:3?

___

___

___

La Salvación es Una Dadiva Gratuita

Lean y den un resumen breve:

Juan 3:16

____

____

Efesios 2:8,9

____

____

Tito 3:3-5

____

____

Nosotros Debemos Recibir a Cristo

Nuestra mayor necesidad, estando en Adán y por lo tanto espiritualmente muerto a Dios, es La Vida—tenemos que nacer de nuevo espiritualmente. Lean Juan 3:3.

Cuando recibimos a Cristo, le recibimos a El—Su Vida, cual es Vida Eterna. Somos trasladados fuera de la vida de Adán a la Vida de Cristo (Juan 5:24; Rom. 8:1,2; 1 Cor. 1:30; Col. 1:13)

Juan 1:12:

> *Mas a todos los que________________ recibieron, a los que creen en su nombre, les dio potestad de ser hechos ____________________.*

Cada uno de nosotros debe recibir a Cristo como Salvador y Señor, para ser renacido espiritualmente.

Pablo predicó en el libro de Hechos 17:30: "Pero Dios...ahora manda a todos los hombres en todo lugar, que se arrepientan". El arrepentimiento y la fe son "los dos lados de la misma moneda." Usted se arrepienta al confesar que ha violado la Ley de Dios (Romanos 3:19,20), deje de confiar en su propia opinión religiosa y obras, y vuelva a Dios (I Tesalonicenses 1:9). Este compromiso incluye su confesión que "Jesucristo es El Señor."

Nosotros recibimos a Cristo por la gracia de Dios y por la fe. Cada uno de nosotros decidimos creer en que Cristo murió en la cruz, que Él fue sepultado, y resucitó de nuevo para salvarnos (1 Corintios 15:3,4). Usted "invoca al Señor" pare recibir a Cristo simplemente por fe (Romanos 10:13).

Recibimos a Cristo por la fe y cómo un acto de nuestra voluntad. La fe es el creer que lo que Dios ha dicho sobre la necesidad de la vida es la verdad y, a continuamos eligiendo recibirle como nuestro Salvador, Señor y nuestra Vida.

Dios conoce tu corazón. Por eso no se preocupa tanto de sus palabras como se preocupa de la actitud de nuestro corazón. Romanos 10:9 nos dice:

> *que si confesares con tu boca que Jesús es el Señor, y creyeres en tu corazón que Dios le levantó de los muertos, serás salvo.*

Si Usted nunca ha recibido a Cristo en su vida pero le gustaría hacerlo en este momento, la siguiente oración es sugerida.

> *Querido Dios, reconozco que soy pecador. Y creo que Tú enviaste a Tu Hijo, el Señor Jesucristo, a morir en mi lugar por mis pecados. Creo que Él fue sepultado, resucitó, y vive hoy. En este momento recibo a Jesucristo en mi vida como mi Salvador, y le confieso como mi Señor. Me arrepiento de una vida de pecado y de caminos egoístas y confió en el Señor Jesucristo para perdonar mis pecados y para que sea mi vida. Te doy las gracias por salvarme de la vida de Adán y para ubicarme en la vida de Cristo. En el Nombre De Jesús, Amen.*

¡Si Usted conoce que es un Cristiano renacido, posiblemente le gustaría escribir una oración de gratitud al Señor por todo lo que Él ha hecho por Usted!

¿LA VIDA EN ADAN O LA VIDA EN CRISTO?

Dios vio su creación "..y,
He aquí era muy bueno"; (Gen 1:31)
Adán y Eva podrían de todo comer;
Pero de un árbol en el jardín (Gen 2:17).
De cual el fruto atractivo (Gen3:6a)
Como dioses los haría ser—
Del bien y el mal (Gen. 3:5)
La serpiente siendo astuta (Gen.3:1)

A quien engaño a Eva; (Gen 3:18)
A la razón se atendió (Gen. 3:6)
Y a la mentira con abrazos (Gen. 3:4)
A su esposo se le dio, (Gen. 3:6a)
Y estando desnudo (Gen. 2:25)
El en sabiendas comió del árbol (Gen. 3:6b)
De tal modo, él rebeló.
Los ojos de ambos fueron abiertos, (Gen 3:7)

Y ahora conocieron la vergüenza; (Gen. 3:10)
Se escondieron al oír Su voz (Gen. 3:10)
Cuando a Adán, Dios llamaba. (Gen 3:9,10)
La culpa de él los dividió,
Y a su esposa acusó; (Gen. 3:12)
Ella acusó a la serpiente (Gen. 3:13)
Pero al pecado Adán escogió.

La paga del pecado es la muerte, (Gen. 2:17)
Y a Dios él se murió;
Nacido a la familia de Satanás (Juan 8:44, 1 Juan 3:10)
Y con el orgullo batalló.
Los hijos de Adán nacieron
Con la naturaleza del pecado. (Rom. 5:12)
Nosotros, sus hijos al nacer (Efesios 2:1)
Con su naturaleza por dentro.

El pecado entró a través de un árbol; (Gen. 2:17)
Y la muerte a través del pecado. (Rom. 6:23)
Nacidos muertos en nuestro pecado, (Ef. 2:1)
Necesitamos El Espíritu y su respiro.
Por un árbol viene la vida
¿Como se pagó nuestra deuda de pecado? (Rom. 5:8)
Con el postrer Adán, Jesucristo, (1 Cor. 15:45)
La reconciliación vino. (Rom. 5:10)

De la vida Adán nos tomó (Rom. 6:6)
Y en la vida de Cristo colocados (2 Cor. 1:30)
Aunque fuéramos condenados, (Rom. 3:23)
Con Su gloria fuimos adornados.
Desde que somos uno con Él, (Juan 17:21)
Disfrutamos una dulce comunión; (1 Juan 1:7)
Crucificados juntamente con Cristo (Gal. 2:20)
Nuestro espíritu ahora conoce la unión. (Rom. 8:16)

Ya que Él murió al pecado, (Rom. 6:10)
Y en Él, también morimos; (Rom. 6:6,7)
Podemos conocer que nuestro viejo hombre falleció (Rom. 6:6)
Nos ofrece en la verdad considerarnos. (Rom 6:11)
Crucificados, sepultados y resucitados— (Rom. 6:3-5)
Y a su diestra sentados; (Ef. 2:6)
Entrando a su descanso— (Hebreos 4:10-11)
En Su redención somos completados. (Juan 19:30)

¿Todavía, mi amigo, estas en Adán—
En necesidad de nacer de nuevo? O, (Juan 3:3)
Siendo nacido en Cristo, (Rom. 5:1)
Conoce Usted su valor verdadero? (1 Pedro 2:18,19)
En cualquier caso, la respuesta
Es de venir a Él para su reposo. (Mat. 11:28; Heb. 4:10,11)
Pierda su vida para salvarla (Mat. 16:24,25, Juan 12:24,25)
Y, en Él, eres en verdad bendecido. (Col. 3:1-4)

1 de Febrero del 2002

LECCION 3
MI NUEVA IDENTIDAD

Introducción

Es posible ser salvo pero no estar seguros de dicha salvación. Nuestra seguridad debe basarse en los hechos de las Escrituras en vez de en sentimientos fluctuantes. La persona a la que a veces etiquetamos como neurótica muy a menudo quiere sentir algo en vez de creerlo y su estilo de vida es distorsionar la realidad. El resultado es que no hay razón para que él/ella crea que sus sentimientos son dignos de confianza en el asunto de la salvación.

Hay una profunda diferencia entre uno que duda de su salvación (mental) y uno que no se siente salvo (emocional). La mayoría de los que carecen de esta seguridad se sienten no salvos. Sin embargo, la mayoría de ellos no hacen la distinción entre las funciones de la mente y las emociones. Cuando las emociones están siendo controladas por las mentiras que la persona ha estado creyendo no hay manera que las emociones concuerden con la verdad en ningún momento.

La Biblia se dirige a los creyentes exhortándonos a que sepamos que tenemos vida eterna (1 Juan 5:13). Tomar la Palabra de Dios y simplemente descansar en ella no es presuntuoso en absoluto. Podemos establecer nuestra seguridad sólo aceptando la Palabra de Dios tal cual es. Después de que tengamos la certeza de nuestra salvación, podremos continuar para encontrar seguridad en tan importante hecho.

Nuestra relación con Dios es inquebrantable y eterna. Estamos seguros en dicha relación, y no podemos tener certeza si no estamos seguros y confiados de que esta relación es duradera. Pablo escribió:

> *Nuestra vida está escondida con Cristo en Dios* (Col. 3:3).

Si no somos conscientes de esto, nuestra certeza no puede ser sólida porque tendremos miedo de perder nuestra salvación. Y si tenemos miedo de perderla, lucharemos por hacer algo para mantenerla, por ejemplo, buenas obras. Como resultado dejaremos de vivir confiando en la gracia de Dios y empezaremos a vivir otra vez confiando en nuestra obediencia a la ley para salvarnos. Pablo describió esto como 'caer de la gracia' (Gal. 5:4). Muchos Cristianos evangélicos viven de esta forma—salvos por gracia, pero en la práctica todavía están atados a la ley.

A menos que la persona tenga esta seguridad bien amarrada, es imposible que madure en su relación con Jesucristo. Desde luego, la certeza y la seguridad realmente van de la mano. Uno no puede experimentar alguna de estas características en un alto grado sin la otra.

Hacia la Felicidad
Págs. 36-38

LECCIÓN 3
MI VIDA "EN CRISTO"

"¿Quién Soy Yo?"

En repaso: Desde que estamos "en Adán", espiritualmente nacidos muertos a Dios, nuestra mayor necesidad es la vida espiritual. Al recibir a Cristo como nuestro Salvador, nosotros recibimos Su Espíritu y Su Espíritu es la fuente de la Vida Eterna.

¿Qué es la Vida Eterna? (Vean Diagrama 6)

Juan 17:3:

____

1 Juan 1:2:

____

1 Juan 2:25:

____

1 Juan 5:11:

____

¿Cuándo termina la Vida Eterna? ¿Se termina? (Hebreos 13:8)

____

¿Cuándo empezó la Vida Eterna? (Colosenses 1:15-17, 1 Juan 1:2)

____

Lean Juan 5:24-26 y 1 Juan 5:11. "¿Qué es la Vida Eterna?

____

____

____

DIAGRAMA 6

Antes de haber recibido a Cristo, estábamos "en Adán"—en su vida, junto con él en el Jardín al tiempo que pecó y murió espiritualmente (vean al Diagrama 7).

Cuando aceptamos a Cristo salimos de la vida de Adán por la muerte y entramos en la vida de Cristo por el nacimiento. ¡No sólo conseguimos un nuevo futuro, sino también un nuevo pasado! no sólo vive Cristo en nosotros, sino también estamos "en Cristo"—en Su Vida (1 Corintios 1:30, 1 Corintios 12:12,13; Colosenses 3:3,4).

Jesucristo vino como "el último Adán", cumpliendo toda la justicia como el Hijo del Hombre. Entonces ahora hay dos corrientes de la humanidad, aquellos que permanecen en Adán (y están espiritualmente muertos) y aquellos que están en Cristo (Vivos espiritualmente). Romanos 5:14

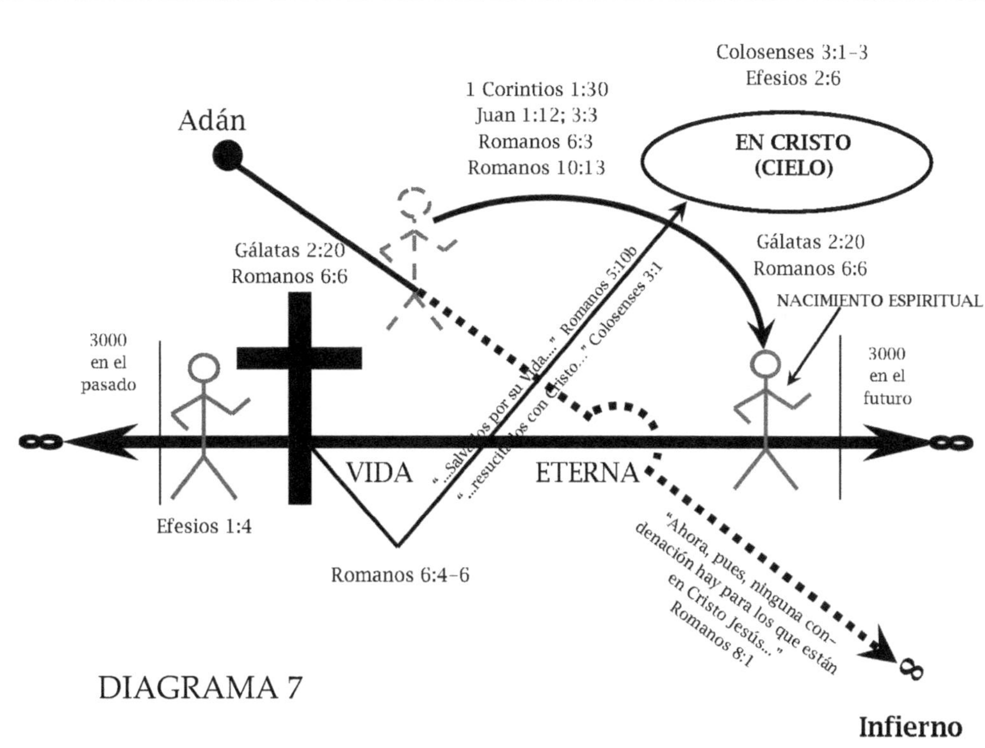

DIAGRAMA 7

Puesto que la vida de Cristo es eterna, y ahora estamos en Él, considere estas preguntas:

¿Dónde estaba Usted (posicionalmente y espiritualmente) cuando nació Cristo? (Juan 1:14, 16; Hebreos 2:14,15)

___

___

___

¿Dónde estaba Usted al tiempo que Cristo murió, fue sepultado, resucitó y fue sentado a al diestra del Padre? (Romanos 6:4,6)

___

___

___

¿Dónde está Cristo hoy? (Efesios 1:19-23)

En Cristo, ¿Dónde estamos nosotros? (Lee 1 Corintios 6:17; Efesios 2:5,6)

La Gran oración sacerdotal de Cristo:

> *Pero ahora voy a ti; y hablo esto en el mundo, para que tengan mi gozo cumplido en sí mismos. Yo les he dado tu palabra; y el mundo los aborreció, porque no son del mundo, como tampoco yo soy del mundo. No ruego que los quites del mundo, sino que los guardes del mal. No son del mundo, como tampoco yo soy del mundo. Santifícalos en tu verdad; tu palabra es verdad. Como tú me enviaste al mundo, así yo los he enviado al mundo. Y por ellos yo me santifico a mí mismo, para que también ellos sean santificados en la verdad. Mas no ruego solamente por éstos, sino también por los que han de creer en mí por la palabra de ellos, para que todos sean uno; como tú, oh Padre, en mí, y yo en ti, que también ellos sean uno en nosotros; para que el mundo crea que tú me enviaste. La gloria que me diste, yo les he dado, para que sean uno, así como nosotros somos uno. Yo en ellos, y tú en mí, para que sean perfectos en unidad, para que el mundo conozca que tú me enviaste, y que los has amado a ellos como también a mí me has amado. Padre, aquellos que me has dado, quiero que donde yo estoy, también ellos estén conmigo, para que vean mi gloria que me has dado; porque me has amado desde antes de la fundación del mundo. Padre justo, el mundo no te ha conocido, pero yo te he conocido, y éstos han conocido que tú me enviaste. Y les he dado a conocer tu nombre, y lo daré a conocer aún, para que el amor con que me has amado, esté en ellos, y yo en ellos.*
>
> Juan 17:13-26

¿Cómo fue que Cristo nos incluyó en Su Gran oración sacerdotal?

Mi Certeza

¡Esto es un milagro de Dios! ¡Hemos nacido de nuevo en una nueva vida—en la vida de Cristo y somos asentados con Él en lugares Celestiales! (Efesios 2:6). Podemos saber con certeza que estamos en Cristo y tenemos la vida eterna, aunque no podemos "verlo" con nuestros ojos o tal vez "sentir" esta realidad. Nuestra certeza se basa en la confiabilidad de Dios y la autoridad de Su Palabra. ¡No hay mejor base para esta confianza!

Busque los siguientes versículos y dé un resumen:

Isaías 12:2

____

____

____

Juan 5:24

____

____

____

Juan 6:47

____

____

____

Juan 10:27-29

____

____

____

Hebreos 6:19

____

____

____

Colosenses 1:13

___

___

___

1 Juan 5:11-13

___

___

___

Para los creyentes nacidos de nuevo, aquí están los hechos sobre los cuales se puede descansar su fe:

- Cristo entró en su ser para ser su vida. (Romanos 8:9; 1 Corintios 3:16; Colosenses 1:27; Apocalipsis 3:20)
- Sus pecados fueron perdonados. (Colosenses 1:14)
- Usted fue hecho un hijo de Dios. (Juan 1:12; Gálatas 3:26)
- Usted fue colocado en la vida de Cristo y posee la vida eterna. (1 Juan 5:11-13)
- Su "viejo hombre" murió y Usted recibió un "nuevo hombre" (espíritu). (Ezequías 36:26,27, 2 Corintios 5:17; Gálatas 2:20; Colosenses 3:3,4)

> *Os daré corazón nuevo, y pondré espíritu nuevo dentro de vosotros; y quitaré de vuestra carne el corazón de piedra, y os daré un corazón de carne. Y pondré dentro de vosotros mi Espíritu, y haré que andéis en mis estatutos, y guardéis mis preceptos, y los pongáis por obra.*
>
> Ezequiel 36:26,27

> *De modo que si alguno está en Cristo, nueva criatura es; las cosas viejas pasaron; he aquí todas son hechas nuevas.*
>
> 2 Corintios 5:17

> *Con Cristo estoy juntamente crucificado, y ya no vivo yo, mas vive Cristo en mí; y lo que ahora vivo en la carne, lo vivo en la fe del Hijo de Dios, el cual me amó y se entregó a sí mismo por mí.*
>
> Gálatas 2:20

Porque habéis muerto, y vuestra vida está escondida con Cristo en Dios. Cuando Cristo, vuestra vida, se manifieste, entonces vosotros también seréis manifestados con él en gloria.

Colosenses 3:3,4

NOTEN: Incluso, los cristianos nacidos de nuevo pueden conocer que los hechos de lo ante dicho es verdad, pero aún "dudan" de su salvación. La mayoría en verdad no están dudando su salvación, sólo se 'sienten' no salvados. Nosotros no debemos basar nuestra salvación en nuestros sentimientos porque nuestros sentimientos a menudo nos mienten y no son reales. Por la fe, tenemos que reclamar los hechos de la Palabra de Dios. ¡La certeza se basa sólo en la Palabra de Dios, y no nuestros sentimientos!

¿Cuáles son los peligros en vivir por nuestros sentimientos (o emociones) en vez de vivir por la fe en La Palabra de Dios?

____

____

____

____

____

____

____

Mi Seguridad

¿Cómo fuimos transferidos fuera de la vida de Adán a la Vida de Cristo? (1 Corintios 1:30: Efesios 2:4; Colosenses 1:13).

___

___

___

¿Si es Dios mismo quién nos transfirió a la Vida de Cristo y nos asentó en Su diestra en Cristo, entonces quién es mayor que Dios y quién es capaz de derribarnos?

___

___

___

¿Somos mayores que Dios?

___

Reflejando en la base de vuestra seguridad, lea Juan 10:27-29; Romanos 8:31-39; y Efesios 1:20-23.

> *Mis ovejas oyen mi voz, y yo las conozco, y me siguen, y yo les doy vida eterna; y no perecerán jamás, ni nadie las arrebatará de mi mano. Mi Padre que me las dio, es mayor que todos, y nadie las puede arrebatar de la mano de mi Padre.*
>
> *Juan 10:27-29*

> *¿Qué, pues, diremos a esto? Si Dios es por nosotros, ¿quién contra nosotros? El que no escatimó ni a su propio Hijo, sino que lo entregó por todos nosotros, ¿cómo no nos dará también con él todas las cosas? ¿Quién acusará a los escogidos de Dios? Dios es el que justifica. ¿Quién es el que condenará? Cristo es el que murió; más aún, el que también resucitó, el que además está a la diestra de Dios, el que también intercede por nosotros. ¿Quién nos separará del amor de Cristo? ¿Tribulación, o angustia, o persecución, o hambre, o desnudez, o peligro, o espada? Como está escrito: Por causa de ti somos muertos todo el tiempo; Somos contados como ovejas de matadero. Antes, en todas estas cosas somos más que vencedores por medio de aquel que nos amó. Por lo cual estoy seguro de que ni la muerte, ni la vida, ni ángeles, ni principados, ni potestades, ni lo presente, ni lo por venir, ni lo alto, ni lo profundo, ni ninguna otra cosa creada nos podrá separar del amor de Dios, que es en Cristo Jesús Señor nuestro.*
>
> *Romanos 8:31-39*

> *La cual operó en Cristo, resucitándole de los muertos y sentándole a su diestra en los lugares celestiales, sobre todo principado y autoridad y poder y señorío, y sobre todo nombre que se nombra, no sólo en este siglo, sino también en el venidero; y sometió todas las cosas bajo sus pies, y lo dio por cabeza sobre todas las cosas a la iglesia, la cual es su cuerpo, la plenitud de Aquel que todo lo llena en todo.*
>
> *Efesios 1:20-23*

Nuestra relación es inquebrantable y eterna. Estamos seguros en esa relación por lo que Dios ha hecho. No podemos tener la certeza si no estamos seguros y no sabemos que esta relación es duradera.

Certeza versus Comunión

Colosenses 3:3 nos dice que nuestra vida está:

____

Si no reconocemos esto, nuestra certeza (seguridad) no puede ser consolidada y por causa de nuestra inseguridad tenemos temor de la posibilidad de perder nuestra salvación. Si tenemos temor que nos perderemos, nos esforzaremos por hacer buenas obras para mantener nuestra salvación. Comenzaremos a vivir "con nuestro propio rendimiento" a fin de ser aceptados en vez de depender de la obra completa de Cristo para nuestra seguridad.

NOTEN: Las buenas obras serán un resultado del creyente caminando en Cristo porque Cristo estará viviendo a través de él (Efesios 2:8-10). Pero las buenas obras hechas por nuestro propio esfuerzo son carnales y nada hecho en la carne le agrada a Dios (Filipenses 3:3,8,9).

- Si no estamos seguros, no confiaremos totalmente en Dios
- Si no estamos seguros en Cristo, trataremos muchas cosas mundanales para hacernos seguros.
- Si no estamos seguros, no podremos servir a Dios con confianza
- Si no estamos seguros, no descansaremos totalmente en Dios.
- Si no reconocemos que tenemos una nueva naturaleza/identidad en Cristo, trabajaremos por el esfuerzo carnal, con recursos inadecuados para nuestra propia aprobación.
- Si no estamos seguros, buscaremos nuestra aceptación en lo que hacemos en vez de quienes somos en Cristo.

Podemos basar nuestras decisiones sobre la base de lo que sabemos (lo objetivo) o de lo que creemos (lo subjetivo). El orden correcto es colocar nuestra fe o confianza en la verdad (el hecho) y ejercer nuestra voluntad (decisiones) en consecuencia. Los sentimientos positivos tienden a seguir la confianza y la obediencia. Esto puede ser representado de la siguiente manera:

El Hecho ⟶ La Fe ⟶ La Voluntad - - - -➤ Las Emociones

¡Puedes Contar con esta es verdad, y puedes vivirla!
(Romanos 6:11)

LA IDENTIDAD

No lo que hacemos
Pero quiénes somos;
Lo que tenemos
No es lo que nos llena de poder.

No donde estamos
O dónde hemos estado—
¿Qué es de nuestro Yo? (Rom. 7:18)
Es seguramente pecado.

No lo que hagamos
Pero lo que perdemos— (Rom. 6:6)
Entre nosotros y Dios
Está en nosotros el escoger. (Rom. 6:11)

Al vivir en Cristo; (Fil. 1:12)
Él "yo" está perdido.
Identidad en El — (Col. 3:4a)
Nuestros pensamientos acerca de la Cruz.

Nuestra vida perdida (Gál. 2:20a)
Su vida comenzó; (Gál. 2:20b)
En Él
Todo está hecho. (Juan 19:30)

Nuestra Labor
Entrando y descansando; (Heb. 4:11)
Encontrándonos en Él, (Col. 2:9,10)
La vida completamente bendecida.

April 12, 1997;
Rev. August 6, 1999

LECCION 4
MI ACEPTACIÓN

Introducción

Hoy en día muchos tienen dificultad para creer que sus padres o sus compañeros les aceptan. De hecho, muchas personas sienten que en realidad nadie les acepta. Como resultado, sienten que Dios se relaciona con ellos de la misma manera. Si no son aptos para que otros le acepten, ¿por que debería Dios aceptarles? Por supuesto, esto no es el caso. Pero si sienten de esa forma, dicha percepción gobernará su comportamiento.

Entonces ¿Cuál es la respuesta? Tenemos que llegar a punto donde, mediante la iluminación del Espíritu Santo, nos demos cuenta que somos aceptados. Y lo somos, no por algo que hayamos hecho, sino por las grandes cosas que el Señor Jesucristo ha hecho. Cuando fuimos salvos—al confiar en Cristo como nuestro Salvador y Señor personal—fuimos puestos en Cristo (1 Cor. 1:30). Al haber sido puestos en Cristo, somos aceptados por Dios en Cristo. En esto, como en la experiencia inicial de la salvación, tenemos que tomarle a Dios la palabra y creer lo que Él dice a pesar de cómo podamos sentirnos. Cuando lo hagamos, nuestros sentimientos empezarán a concordar con la realidad.

La salvación, la certeza, la seguridad y la aceptación nos dejan aun a falta de un punto importante—el compromiso total; la rendición total es esencial para la utilidad total. Ocasionalmente una persona acepta al Señor Jesucristo como su Salvador y le hace Señor de su vida desde el principio. Esto es lo que debería ocurrir en todas las conversiones. Uno no debería aceptar a Jesucristo como Salvador y después esperar diez o quince años para rendirse totalmente a Él. Esto debería ocurrir el día en que la persona acepta a Cristo. Cuando no es así, la personas tienen que ver la vanidad de dirigir su propia vida—o arruinarla, como es el caso más frecuente—y llegar al punto en el que estén listos para decir: "Señor, quiero dejar de dirigir mi vida. Quiero que tú la dirijas."

Unos pocos de los que vienen a consejería se ven en un punto sin salida. Cuando llegan a una rendición total, Dios consuma la transformación en sus vidas inmediatamente o en un lapso de tiempo muy breve. Pero en muchos casos, una vez que se ha efectuado la rendición, con o sin emoción, son pocos los cambios visibles. Desde ese momento, la responsabilidad es transferida a Dios, y Él comienza a consumar Su propósito y plan para nuestras vidas.

Hacia La Felicidad
Páginas 33-36

LECCION 4
MI ACEPTACIÓN

MI ACEPTACIÓN EN CRISTO

Algunos aceptan al Señor Jesucristo como su Salvador personal y después se pasan el resto de sus vidas intentando que Él los acepte. Lea Efesios 1:3-6. ¿Sobre que base somos aceptados?

____

¿Acepta Dios a Su Hijo Jesucristo? Mateo 3:17

____

¿Cuál es nuestra posición? Lea Romanos 15:7

____

¿Cómo hemos sido aceptados a un Dios Santo? Filipenses 3:9

____

¡Hemos sido aceptados en Él! Nuestra aceptación no se depende en nuestras buenas obras, nuestra asistencia en la iglesia o membresía, o en algún esfuerzo personal. Dios nos acepta porque estamos en Cristo, y en Él somos justificados, santos e inocentes. Sin tener en cuenta nuestro comportamiento (sea bueno o malo), ¡somos aceptados por quiénes somos, y no por lo que hacemos (o no hacemos)!

Entonces. ¿Por qué nos sentimos a veces inaceptados?

____

____

____

____

¿Qué es lo opuesto de la aceptación?

____

EL SÍNDROME DEL RECHAZO

Mis libros, *Del Rechazo a la Aceptación* y *El Síndrome Del Rechazo y El Camino a la Aceptación,* sugieren un denominador común en cuanto a por qué los Cristianos experimentan el fracaso en sus vidas, ese porqué se llama el "Síndrome de Rechazo". He descubierto que un problema que clave que las personas enfrentan, es el rechazo. Al mismo tiempo que intentamos lograr aceptación, en su lugar experimentamos a menudo el rechaz. Por lo tanto, en nuestra relación con Dios, somos propensos a la conclusión de que, "Si otras personas no me aceptan, entonces ¿por qué debería un Dios Santo aceptarme?

Con el uso de un diccionario, defina las siguientes palabras:

Rechazo (Rechazar)

____

____

____

____

Abierto

____

____

Encubierto

____

____

¿Cuál sería un ejemplo de un rechazo abierto?

____

____

____

¿Cuál sería un ejemplo de un rechazo encubierto?

____

____

____

____

Todas personas han experimentado el rechazo — ya sea abierto o encubierto — en diversos "grados". El rechazo incluso puede ser la causa de una reacción en cadena en las familias. Por ejemplo, un padre sobreprotector estricto puede rechazar inconscientemente a su hijo no permitiéndole ser su propia persona y aprender a tomar decisiones. Entonces cuando el hijo se convierte en padre, él determina dar más libertad de la que recibió y rechaza a sus hijos siendo demasiado clemente, haciendo sentir así a sus hijos que él no se preocupa por su bienestar y así sucesivamente. Entender este proceso común, nos ayudará a saber que la razón que experimentamos el rechazo por parte de muchas personas en diferentes maneras, es porque ellos están reaccionando en censecuencia al rechazo que han experimentado.

Los Resultados Emocionales Dentro De La Persona Rechazada

La sensación de ser inutil	El perfeccionismo
El deseo de nunca haber nacido	Muy poca autodisciplina
El sentido de inferioridad	Falta de responsabilidad
Las preocupaciones, las dudas y los temores	La depresión
La inhabilidad de expresar sus sentimientos	La auto-condenación
El tener aislamiento emocional	Tener el odio de uno mismo
El tener subjetividad	La culpa
La ansiedad	Tendencia a la introspección

EL RESUMEN: El Auto Rechazo

Nuestras emociones negativas afectan nuestras actitudes y relaciones con otros, incluyendo nuestra relación con Dios (vea el diagrama en la siguiente página).

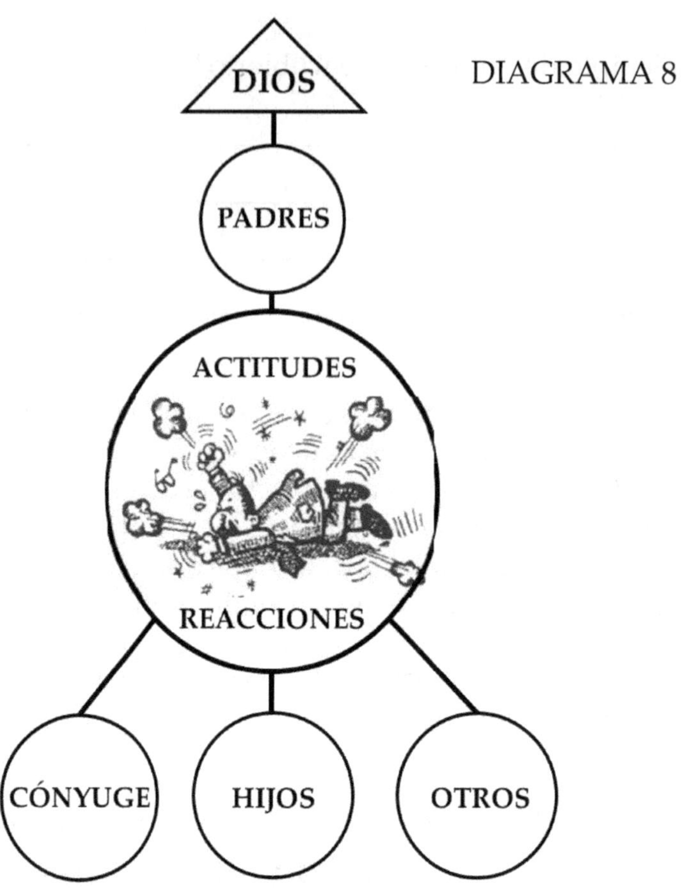

¿Puede Usted relacionarse, de alguna manera, a la dinámica de rechazo? ¿Ha experimentado el rechazo? ¿En qué manera el rechazo le ha afectado sus actitudes hacia Dios? ¿Hacia su familia? ¿Hacia Usted mismo?

Lea Mateo 16:13-16. Para nuestro propósito aquí, por favor aplique estas tres preguntas a su sentido de identidad.

¿Qué dicen o piensan otras personas, quién eres?

____

____

____

____

¿Qué dice o qué piensa Usted, qué eres?

____

____

____

¿Qué dice o qué piensa Dios que es usted? (1 Juan 3:1,2; 2 Cor. 5:21)

____

____

____

¿A quién prefiere creer? (Matt. 16:24,25)

____

¿Está buscando la aceptación? Sólo Dios puede aceptar incondicionalmente. ¿Está usted intentando encontrar cuál es su identidad? Su verdadera identidad se encuentra en una nueva vida en Cristo. ¿Busca usted su valor? Cristo pagó el precio con Su sangre para redimirle y comprarle, así estableciendo su valor.

¡El valor de un objeto es determinado por el precio que fue pagado por él!

¿Cuál fue el precio pagado por usted? (1 Pedro 1:18,19)

____

____

____

LA ACEPTACIÓN

¡Oh! Conocer, vivir la aceptación
Que un sentimiento nos prodiga;
Ser conocido por lo que soy
Y no por lo que haga o diga.
Bello es ser amado y deseado
Como la persona que parezco hoy
Mas mi corazón quiere ser amado
Como la persona que realmente soy.

Ser Capaz de renunciar a todo
Y compartir con otro mis temores,
Daría tal alivio en mi conciencia,
Aunque unido a muchísimos dolores.
Cuando pienso que esto puede ser,
Sin las angustias del rechazo,
Siento en mí el gozo renacer
Y mi rectificación como un abrazo.

El paso a sentir la aceptación de Dios
Está ligado a aceptar la tierra;
En ser amado por otro que amó
Un sentimiento de valer se encierra.
Oh, el alivio y libertad que
Él da mientras contemplo su bendita cara
Cuando hace real mi aceptación en Él,
Que da Su gracia con amor depara.

Es lástima que tardamos en saber
Que no tenemos que ganar su amor;
Cuando a Él contritos nos rendimos
De su verdad gustamos el saber.
Luego, al compartir con otros que persiguen
Paz y descanso, amor y aceptación
Encontrarán en nosotros Su verdad
Y sabrán del final Su pasión.

LA ENTREGA TOTAL (RENDIRSE TOTALMENTE)

Mi Respuesta:

Lea y resuma 1 Corintios 6:19,20

____

____

____

¿Quién es "el dueño" de su vida?

____

____

¿Quién controla su vida?

____

____

La entrega total no le cuesta mucho; ¡le cuesta todo!

Lea Romanos 12:1,2.

La entrega total (presentando nuestros cuerpos un sacrificio vivo) no significa "haré todo lo que esté en mis manos para el Señor; más bien, es decir, "dejaré a Dios hacer lo que Él quiere hacer en mi y a través de mi".

El rendimiento total no es el definitivo y final de la experiencia cristiana. De hecho, no es más que el principio, porque estamos dando a Dios permiso para "ser bien franco con nosotros', para llevarnos al 'fin de nosotros' — para que Cristo pueda ser nuestra VIDA y producir Su fruto en nosotros. El rendimiento o la entrega no es sinónimo con la vida intercambiada, pero es posible que el rendimiento (siendo mí parte) y la vida transformada (siendo Su parte) pueden ocurrir simultáneamente.

UNA ORACIÓN PARA ENTREGAR TODO

Amado Dios, soy Tuyo. Yo quiero que TU voluntad sea llevada a cabo en mi vida, cueste lo que cueste. Como sea… dondequiera que sea... siempre que sea. No tengo ni siquiera derechos—tampoco tengo "cuerdas atadas". Quito mis manos de mi vida y en rendición total y abandono te doy el permiso de hacer todo lo que desee en mi y através de mi vida. Yo quiero que Jesús sea mi VIDA. En el nombre de Jesús. Amen.

YO ENTREGO TODO

El mensaje del entrego,
Que todos han oído,
Poco del mensaje es entendido,
A través de la llamada directa y clara de Dios.
Por nuestro permiso
Para que Dios obre a su querer;
Entonces redoblemos nuestros esfuerzos
Para no eludir nuestro deber.

Si no nos hemos entregado
Nuestra carne seguirá luchando, (Gál. 5:17)
Hasta que cedemos nuestro todo y
En Su Espíritu tenemos gozo. (Ef. 5:18)
La lucha que continúa (Rom. 7)
Puede ser pasiva o agresiva;
¡Pero nuestro camino diario con Dios
Menos impresionante será!

Algunos piensan que han rendido
Pero a la carne han dedicado.
¡Entonces están consternados
Al encontrar que a su carne han educado!
Otros hacen la entrega total,
Y sus vidas se desbaratan;
Ellos creen que todo se mejoraría
Cuando su corazón lo entregan.

EL sufrimiento que nos viene (Fil. 1:29,30)
Puede ser usado por Dios para nuestro quebranto;
Despojarnos a menudo es necesario
Para que Él nos forme en su imagen. (Rom. 8:29)
El permiso para ser destrozado
Se concede cuando nos entregamos;
Su revelación de Cristo en nosotros (Gál. 1:16)
Requiere corazones contristados. (Sal. 51:17)

Si la victoria se podría encontrar
Es necesario el sufrir pérdida;
Sólo cuando nos aborrecemos
Uno para La Cruz se prepara.
El entender el sufrimiento
Y como amigo lo aceptamos,
Veremos el propósito primordial
Para llevarnos a la final de nosotros mismos.

Cuando la Cruz ha hecho su trabajo
Y de Su Vida resucitada estamos a tanto, (Col. 3:1)
Y reconocemos que con Él estamos sentados (Ef. 2:6)
Mientras caminamos con Él abajo.
Entonces la rendición es entendida
Como el giro en nuestra lucha—
Nuestro consentimiento para aceptar nuestra muerte
Para que Él sea nuestra Vida. (Col. 3:4a)

Entregando nuestras vidas como un sacrificio vivo (Rom. 12:1)
En La Palabra Es mandado;
En el que cedemos todo a Él,
Su mensaje ha sido oído.
Su respuesta a nuestra entrega
Nos conforme a la imagen de Su Hijo; (Rom. 8:29)
Con las mentes renovadas y las vidas transformadas, (Rom. 12:2)
Demuestra a otros Que Su victoria El ganó.

21 de Julio, 2002

LA PARTE 2
LA VIDA DE CRISTO EN MÍ

En la Primera Parte (Parte 1) de este estudio, hemos examinado "Mi Vida Nueva En Cristo". La siguiente cita confirma lo que nuestra verdadera identidad, seguridad y aceptación en El realmente significa.

> *El estar en Cristo—es la redención, pero que Cristo esté en Usted—¡eso es la santificación! El estar en Cristo—eso te hace apto para ir al cielo; pero para que Cristo more en usted—esto te prepara para la vida en esta tierra. El estar en Cristo—cambia su destinación; pero que Cristo more en usted—¡esto cambia su destino! Uno hace del cielo su hogar—el otro hace de este mundo su taller.* (*The Saving Life of Christ*: Major Ian Thomas, Zondervan Publishing, page 18).

Al momento de recibir a Cristo, recibimos Su Vida. ¿Cómo podemos experimentar la realidad de Cristo, que está viviendo Su Vida a través de nosotros? ¿Cómo podemos diariamente en nuestra vida experimentar Su victoria? ¿Dónde se gana la batalla? ¿Qué significa el cambiar nuestra vida en Adám por una Vida de Cristo?

Estas son las verdades emocionantes que descubriremos en la Segunda Parte (Parte 2)—¡La Vida de Cristo en Mí!

Para que no seamos mal entendidos, la verdades de que estamos en Cristo y que Él está en nosotros, ambas fueron hechas realidad al tiempo de la regeneración. Sin embargo, podemos no entender esto y vanamente tratar de vivir la vida de Cristo para Él. Dios quiere que sea dicho y hecho, la vida de Cristo expresada a través de nosotros.

LECCIÓN 5
MI IDENTIFICACIÓN CON CRISTO

Introducción

Dado que hemos nacido espiritualmente muertos, nuestra mayor necesidad es la vida. Recibimos la vida física por el nacimiento físico y del mismo modo, recibimos la vida espiritual por el nacimiento espiritual (Juan 3:3, 1 Juan 5:11,12). 1 Corintios 1:30 declara lo siguiente:

> *Más por él* [Dios] *estáis vosotros en Cristo Jesús, el cual nos ha sido hecho por Dios sabiduría, justificación, santificación y redención;*

El Espíritu de Dios nos saca de la vida vieja de Adán y nos pone en Cristo. Una vez que estamos en Cristo, estamos en una existencia eterna, una vida que no está basada en el tiempo.

Nuestra vida en Cristo es una relación eterna. La eternidad es siempre tiempo presente ya que no está basada en el tiempo. Esto significa, entonces, que estábamos en Él en la Cruz; y estábamos en Él no sólo cuando fue crucificado sino también cuando Él fue sepultado y cuando fue resucitado de los muertos y cuando Él ascendió al cielo. Esta identificación se establece claramente en Romanos 6:4-6 y en Colosenses 3:1-3. La misma verdad se establece de nuevo en la afirmación de Pablo:

> *Estoy juntamente crucificado con Cristo* (Gál. 2:20).

No podríamos estar crucificados con Cristo a menos que estuviéramos en Cristo...

Esta, entonces, es la manera en la cual Cristo se convierte en el centro de nuestra vida experiencialmente. Debemos entender esta verdad no sólo intelectualmente y teológicamente, sino también debemos experimentarla por un acto de fe. No nos estamos refiriendo a una experiencia en la que el "yo" o la carne son permanentemente eliminados y obtenemos la perfección sin pecado y no nos estamos refiriendo tampoco a lo que a veces se llama una segunda obra de la gracia. Estamos hablando de entrar experimentalmente en algo que posicionalmente es ya nuestro: la vida de Cristo...

¿Cómo puede ser real en mi esta consciencia de 'ya no yo, sino Cristo en mi? Sucede de diferente modo en cada persona. Pero a tiempo tiene que convertirse en una realidad tan verdadera como el día en que confiamos en Jesucristo para que nos salvara. Y, de la misma forma, es también por la fe. Según la Escritura, tenemos que reconocer y creer que esto es así.

> *Así también, vosotros consideraos muertos al pecado, pero vivos para Dios en Cristo Jesús, Señor nuestro* (Rom. 6:11).

Esto, entonces, es el modo que entramos en la vida llenos del Espíritu o la vida controlada por el Espíritu; entramos en esta vida por el camino de la Cruz a través de la muerte y resurrección con Cristo.

Hacia La Felicidad
Páginas 50,51,52

LECCIÓN 5
MI IDENTIFICACIÓN CON CRISTO

(Mi Muerte Coexistente, Mi Sepultura Coexistente, Mi Resurrección Coexistente, y Mi Ascensión Coexistente)

La Lectura Recomendada:

Abril 10, 11 y el 12 en:
EN POS DE LO SUPREMO
Por Oswald Chambers

Revisando nuestras bendiciones espirituales en Cristo:

La Salvación
Romanos 6:23

Nuestra mayor necesidad, cuando estábamos en Adán y espiritualmente muertos a Dios, era la vida. Necesitábamos renacer espiritualmente (Juan 3:3). Cuando recibimos a Cristo, recibimos a Él y Su Vida, que es la vida eterna. Fuimos transferidos fuera de la vida de Adán a la Vida de Cristo. Para decirlo de otra manera, recibimos un nacimiento, en Él y fuimos bautizados, en Cristo.

La Certeza
1 Juan 5:13

La certeza que podemos poseer está basada en los hechos relatados en las Escrituras (en vez de los sentimientos fluctuantes) que verdaderamente somos los hijos de Dios y que tenemos la vida eterna porque tenemos la Vida de Cristo (La Vida de Cristo = La Vida Eterna). Sin embargo las emociones dañadas pueden decirnos exactamente lo contrario.

La Seguridad
Colosenses 3:3

No sólo es que Cristo vive en nosotros, sino nuestra vida está en Cristo, ¡sentados en lugares celestiales! (Efesios 2:6). Fuimos puestos en Cristo por Dios (1 Corintios 1:30 Colosenses 1:13), y ningún poder nos podrá separar (Romanos 8:38,39, Efesios 1:20-23). Estamos eternamente asegurados en nuestra relación con Cristo (1 Juan 5:13).

La Aceptación
Efesios 1:6

Somos aceptados en Cristo, esto no se basa en nuestras buenas obras (que son lo resultado, y no la causa—Efesios 2:10). Dios nos acepta porque estamos en Cristo y El acepta a su Hijo. Hemos sido justificados espiritualmente y hemos sido hechos la justicia de Dios en Cristo (2 Corintios 5:21). Tenemos que encontrar nuestra aceptación en Dios en lugar de personas. ¡Incluso el mejor de ellos no es confiable, mueren y le abandonan!

La Entrega Total (EL Rendimiento)
Romans 12:1,2

Debemos tener en cuenta todo lo que nuestro Dios maravilloso ha hecho por nosotros. Con la vida de Su Hijo unigénito Dios nos compró. Nuestra respuesta debe de ser el reconocimiento que pertenecemos al Dios maravilloso. Él es nuestro legítimo dueño. Él dirige nuestra vida y tiene un plan para nosotros. Por un acto de la voluntad, (no por las emociones), le damos a Dios el permiso de hacer lo que Él desea hacer. Él nos llevará al "fin de nosotros mismos", (el yo), para que sea la vida de Cristo la que produzca Su fruto en nosotros y través de nosotros.

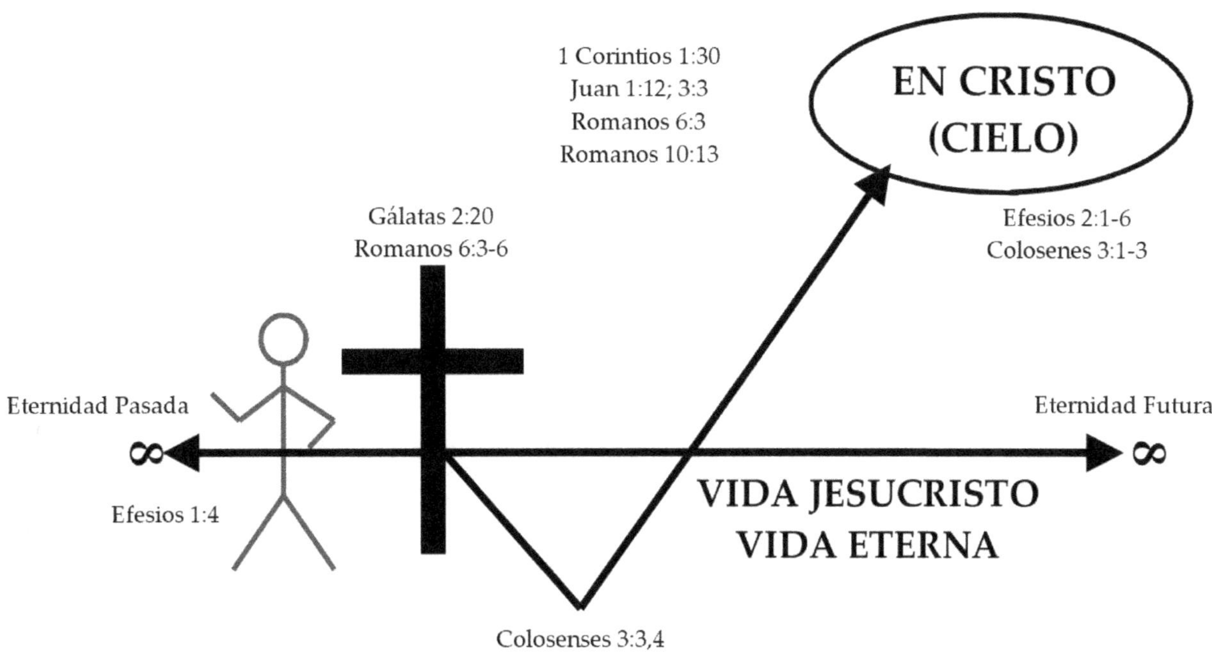

DIAGRAMA 9

Mi Muerte Coexistente, Mi Sepultura Coexistente, Mi Resurrección Coexistente, y Mi Ascensión Coexistente

¿Qué significa ser "identificados con Cristo" a través de la muerte coexistente, la sepultura coexistente, la resurrección coexistente, y la ascensión coexistente?

En el descubrimiento de nuestra nueva identidad en Cristo, comprobamos que, con tal de poder recibir la vida de Cristo en nuestro espíritu, nuestro viejo espíritu tuvo que morir (un espíritu pecaminoso no podría ser afiliado con el Espíritu Santo de Dios). Dios nos dio un nuevo espíritu--perfecto y justo. Tuvimos que morir para "salir" de la vida en Adán y poder nacer en la vida de Cristo (¡No podemos estar en dos vidas al mismo tiempo!). Aunque un creyente es identificado con Cristo en el nuevo nacimiento, por lo general no apropia los resultados de tal identificación en ese momento. Apropiamos esta unión experientialmente afirmando de forma personal que esto es la verdad.

Si nuestra identificación total con Cristo no es claramente entendida, esto puede ser una fuente de confusión para los Cristianos. Sin embargo, el entendimiento de lo que pasó en la cruz aclara nuestro entendimiento de cómo podemos experimentar a Cristo como nuestra Vida.

EL CRISTIANO CRUCIFICADO

Mi Muerte Coexistente

Lea Romanos 5:8, Hebreos 9:22b; y 1 Pedro 2:24. ¿Qué llevó a cabo Cristo en la Cruz?

___

___

___

Lea Romanos 6:6 y Gálatas 2:20a: ¿Qué nos sucedió (nuestra naturaleza vieja, "el hombre viejo") en la cruz?

___

___

___

En sus propias palabras, ¿Qué significa que fue "crucificado juntamente con Cristo?" y cuando ocurrió esto?

___

___

___

Debido a nuestra crucifixión con Cristo, somos libres de la condenación (Romanos 8:1)

Por favor noten: Nuestra vieja naturaleza o viejo hombre fue crucificado, no fue nuestra alma, cual es nuestra mente, voluntad, y emociones. Todavía tenemos la misma mente, la misma voluntad y las emociones, que son los moldeables vehículos a través de los cuales nuestra verdadera identidad puede ser expresada. El poder de pecado aún funciona a través de la carne que es el aliado del mundo y el diablo.

Mi Sepultura Coexistente

De un resumen de Romanos 6:4a:

___

___

___

¿Cuándo Cristo fue sepultado, quien fue sepultado con Él?

Debido a su sepultura con Cristo, eres libre de la autoridad del pecado (Romanos 6:1-7).

MI RESURRECCIÓN COEXISTENTE

Dé un resumen de Romanos 6:4b:

Dé un resumen de Efesios 2:6:

Lea Romanos 5:10. ¿La vida resucitada de quién puede salvar al creyente de la batalla interna con el poder del "yo"?

Lea 1 Corintios 6:17; 2 Corintios 5:17, Gálatas 2:20, y Colosenses 3:4. Ya que hemos sido resucitados con Cristo (en Su Vida), ¿Qué/quién es nuestra nueva Vida?

____

____

____

____

Debido a su resurrección con Cristo, usted es un participante del poder de Dios para la vida (Efesios 1:19).

Mi Ascensión Coexistente

¿Dónde está Cristo sentado ahora? (Hechos 1:9-11; Hebreos 1:1-3)

____

¿Quién está juntamente y espiritualmente sentado con Cristo en lugares celestiales? (Efesios 2:6)

____

> *Si, pues, habéis resucitado con Cristo, buscad las cosas de arriba, donde está Cristo sentado a la diestra de Dios. Poned la mira en las cosas de arriba, no en las de la tierra. Porque habéis muerto, y vuestra vida está escondida con Cristo en Dios* (Col. 3:1-3)

De un resumen de Colosenses 3:1-3

____

____

____

____

____

Siendo que usted está sentado juntamente con Cristo, es un participante de Su autoridad sobre el mundo, la carne, y el diablo (Mateo 28:18-20; Gálatas 6:14; Santiago 4:7).

Estos son los hechos de la Palabra de Dios para cada creyente. Esto ya sucedió a cada uno de nosotros, aunque nosotros podríamos no haber sido conscientes de nuestra identidad en Cristo.

Para darse cuenta del impacto total de esto, suponga que tuvo un accidente de coche y va a morir. Entonces seria sepultado, y ya no necesitas preocuparte y luchar sobre el pecado y las tentaciones que enfrentas. Es imposible para una persona muerta responder a la tentación.

Lea Romanos 6:6,7 cuidadosamente, ¿Quién murió y a qué murió?

____

____

¿Por qué estamos libres de la autoridad del pecado?

____

____

____

____

NOTEN: El poder del pecado no fue crucificado, lo hemos sido nosotros. Jesús murió al pecado, pero el pecado no murió (Romanos 6:10).

¿Por qué todavía experimentan los creyentes una resistencia a la vida justa (sin pecado)?

Tradicionalmente, la influencia hacia el pecado ha sido llamada, 'la naturaleza pecaminosa'. Sin embargo, el uso de este término en la Bíblia (Efesios 2:3) especificamente describe nuestra condición antes de la conversión a Cristo. (En la traducción NIV, la terminología, 'la naturaleza pecaminosa' ocurre 23 veces en el Nuevo Testamento. Cada una traduce la palabra "la carne' (en el griego: sarx). El problema con la terminología de 'la naturaleza pecaminosa' es que esto implica que el creyente tiene dos naturalezas que son juntamente iguales. (La vieja y la nueva). Sin embargo, como el diablo no es equivalente a Dios, tampoco el principio del pecado no es equivalente al nuevo espíritu del creyente.

> *Porque en otro tiempo erais tinieblas, mas ahora sois luz en el Señor; andad como hijos de luz* (Efesios 5:8).

Tenga en cuenta que la naturaleza esencial del creyente (en su espíritu) es justo. Como nos declara Pablo,

> *Porque según el hombre interior, me delito en la ley de Dios* (Romanos 7:22).

El Cristiano realmente enfrenta una tendencia pecaminosa en su carne. Gálatas 5:17 describe este conflicto:

> *Porque el deseo de la carne es contra el Espíritu, y el del Epsiritu es contra la carne...*

¿Por qué es importante diferenciar entre la carne y la naturaleza pecaminosa (viejo hombre)? Note la respuesta de Pablo:

> *De manera que ya no soy yo quien hace aquello, sino el pecado que mora en mí. Y yo sé...esto es en mi carne, no mora el bien* (Romanos 7:17,18).

Como una persona nueva en Cristo, tu espíritu desea justicia; ¡Esta es su naturaleza esencial! La carne (el "Yo") está en usted, ¡pero no es usted! Por lo tanto, la influencia del pecado funciona fuera de su nuevo espíritu. El mal viene contra nosotros por el diablo, con el mundo secular, dándonos la tentación a través de la carne (1 Pedro 5:9; 1 Juan 2:14,15; Romanos 13:14). Ya que es Usted una nueva persona en Cristo (posicional y espiritualmente), ¡en su naturaleza esencial desea amar a Dios y vivir justamente!

> *Y vestíos del nuevo hombre, [siendo que su alma sea gobernada por su espíritu] creado según Dios en la justicia y santidad de la verdad* (Efesios 5:24).

Ahora imagínese que después que Usted murió y fue sepultado, Dios lo resucitare milagrosamente y le diera una nueva vida (un nuevo espíritu). Recuerde que su vida vieja con toda la inhabilidad de sobrevivir esta muerta (1 Juan 4:17). Dentro de su nuevo espíritu, Dios mismo, mora en Usted por su Santo Espíritu, ¡Ahora Él será su vida, su fuerza, su paz, su suficiencia!

¿Qué significa esto para Usted?

____

____

ORACIÓN DE IDENTIFICACIÓN

El Orar una "oración de identificación" le puede ayudar a usted a entrar en la experiencia de la vida de la victoria y la paz de Cristo. Antes que esta oración pueda ser eficaz, Usted debe estar bajo la convicción por el Espíritu Santo que usted ha tratado de vivir la vida Cristiana (La Vida de Cristo) por Él en su propio esfuerzo. Debe estar listo para entregar su derecho de controlar su vida. El quebrantamiento es la condición requerida, reconociendo la corrupción de la carne y en términos generales es la causa de los sufrimientos (Filipenses 1:29,30). Si esto es una realidad en su vida, ore la siguiente oración:

Padre: Te doy las gracias por haber perdonado mis pecados y haberme sacado fuera de la vida de Adán y por haberme injertado en la Vida de Cristo. Y ahora que estoy en Cristo, yo creo que fui crucificado con Él, fui sepultado con Él, y fui resucitado con Él, y que estoy juntamente sentado con Él a Su diestra. Desde este momento en adelante, puedo elegir, por la fe, que Su Hijo Jesucristo viviera Su vida en mí y a través de mí. Confío en ti para hacer lo que yo no puedo hacer, para dejar lo que no puedo renunciar, y, sobre todo, transformar mi vida, sanar mis emociones dañadas y vivir Su vida a través de me—en vez de mí. Me considero muerto al pecado y vivo para ti y estoy confiando que el Espíritu Santo me haga consciente cuando me olvido de mi muerte juntamente con Cristo y vuelvo a usar mi propio esfuerzo de vivir para Él con mi propia sabiduría y la energía humana. Yo elijo ceder todo mi ser a ti como un instrumento de justicia, permitiendo que ninguna parte de mí ser sea usada para pecar. Te doy gracias por haberme puesto en Cristo, y que Su vida sea una realidad en mi. Glorificate Señor a través de mi. En el nombre de Jesús le pido. Amen

¿VIVIENDO PARA VIVIR O MURIENDO PARA VIVIR?
Gálatas 2:20

Nacido para morir
El sufrimiento de todos es
Lo justo que es merecido
Desde la caída del hombre
Toda vida morirá—
Con un destino común,
Pero solamente
El Hombre espera.

Al pecar Adán
A Dios se murió;
De Dios se separó
En orgullo vivió.
Al nacer de nuevo
Una nueva vida recibimos.
El viejo hombre murió
Al tiempo que creemos.

El temor a la muerte
La esclavitud que nos trae; (Heb. 2:15)
A través de la victoria de Cristo (1 Cor. 15:54)
La muerte pierde su aguijón. (1 Cor. 15:55)
Para mí el vivir es Cristo
Y el morir es ganancia. (Fil. 1:21)
Estimada a Sus ojos
Es la muerte de Sus santos. (Salmos 116:15)

Viviendo para morir—
Una vida en derrota,
Ignorada es la promesa
Del Propiciatorio que Dios prepara
Reconciliados por Su sangre (Rom 5:10)
Aun viviendo una lucha; (Rom. 7:15)
Culminado por la Cruz— (Gál, 2:20)
Salvos por Su Vida. (Rom. 5:10)

El morir para vivir (Juan 12:24,25)
Una bendición divina;
Su muerte al pecado (Rom. 6:10)
Por mi fe es contada. (Rom. 6:1)
Diariamente el "Yo" es negado (Lucas 9:23)
En Su requerimiento;
Siempre entregado a la muerte (2 Cor. 4:11)
Del Espíritu, la unción es recibida.

El aliado de Satanás
Es el monstruo del "Yo" vivir;
Nuestra única esperanza
Es que debemos morir. (Rom. 6:6,11,13)
Nuestro deber es entregarnos; (Rom. 12:1,2)
El perdonar es lo suyo de describir.
Su muerte es contada nuestra (Rom. 6:11)
Porque morimos para vivir.

27 de Agosto, 1999

LECCIÓN 6
MI VICTORIA

Introducción

Puesto que nuestro caminar en el Espíritu es una apropiación momento a momento del poder del Espíritu Santo, o el negarnos a nosotros mismos y tomar la cruz cada día (Lucas 9:23), y puesto que somos santificados por la sangre (Hebreos 20:29), es vital que veamos el flujo de poder hacia y a través de nosotros si queremos mantener la victoria en Él; la cruz, la sangre y el Espíritu de Dios son agentes indispensables para que la vida del Señor Jesucristo sea manifestada a través nuestro...

La posición del creyente en Cristo, es sentado en los lugares celestiales, victorioso sobre el mundo, la carne y el diablo.

En la Cruz el Señor Jesucristo fue el Cordero del sacrificio cuya sangre fue derramada por toda la humanidad. Él pagó y el precio de la culpa por el pecado, y la redención es completa. Por esto pudo declarar en la cruz "Consumado es". Él es nuestro Sumo Sacerdote en el cielo, el ministro del nuevo santuario puesto que ha hecho todo lo necesario para cubrir nuestra vida (Col. 3:3) y es nuestro mediador (Hebreos 8:6; 9:15).

Es necesario que nos ocupemos continuamente de la purificación de la carne. Al confesar, reconocemos nuestra necesidad del continuo poder limpiador de la sangre en nuestras vidas momento a momento. Si confesamos nuestros pecados, Él es fiel justo para perdonar... (1 Juan 1:9)

> *...andamos en la luz, come Él está en la luz, tenemos comunión unos con otros, y la sangre de Jesucristo su Hijo nos limpia de todo pecado* (1 Juan 1:7)...

A medida que avanzamos a lo largo de la vida en la tierra, hay un proceso continuo de negarnos a nosotros mismos, tomar la cruz diariamente, ocupar nuestro lugar por fe en los lugares celestiales, confesar el pecado conocido, ser limpiado de toda injusticia y limpiar nuestra consciencia de obras muertas. Todo esto junto constituye la vida conocida como morar o tener comunión con o andar en el Espíritu...es el Espíritu obrando mediante la Sangre de Cristo, el que es nuestra fuente continua de victoria.

Hacia La Felicidad
Páginas 116-119

LECCIÓN 6
MI VICTORIA

¿Qué es La Victoria?

¿Qué significa la victoria? ¿Cómo puede uno experimentar la victoria en nuestra vida diaria?

¿Ha dicho Usted…?

- "¡Parece que no puedo conseguir la victoria sobre este problema!"
- "Nada más que seguir orando y obtendré la victoria."
- "La victoria sólo viene después de gran esfuerzo."
- "Yo perdí la victoria."
- "Usted puede saber que tiene victoria cuando usted alcanza la cima."

Estas son declaraciones muy comunes, pero erróneas sobre la victoria. Sin embargo, la Palabra de Dios tiene muchas promesas seguras de la victoria.

Algunas cosas que no son la victoria:

Estar logrando
Seguir ganando
Estando en control de la situación
Algo que tenemos que hacer

Todo esto son ejemplos de nuestras obras para Jesús.

¿Por qué es que éstas no son victoria? Esto es porque nuestra confianza en nuestras obras nos aleja de la confianza en la persona quien obró victoriosamente para nosotros; ¡a menudo trabajamos para obtener la victoria en vez de trabajar en la confianza de su victoria! ¿Cual es nuestra posición victoriosa en Cristo? ¿Sobre qué ejerce su poder esta posición victoriosa? Efesios 1:19-23

____

____

____

¡Sobre todo principado y autoridad y poder y señorío! ¡Hoy y para siempre! Y Dios sometió todas las cosas bajo Sus pies, y lo dio por Cabeza sobre todas las cosas a la iglesia.

La Fe ES la Victoria

(1 Juan 5:4)

¿Creo que la vida de Cristo en mí puede capacitarme para la victoria sobre el pecado y la tentación?

____

Lea Romanos 8:35-39 y 1 Corintios 15:57. ¿Cuál es la fuente de nuestra victoria?

____

____

El creyente continuará enfrentando las tentaciones y los problemas si no es consciente de su libertad y que ya no tiene que obedecer el poder del pecado. Ninguna persona tenía la victoria en la vieja vida. ¿Cómo va a experimentar algo diferente ahora? Todo parece ser lo mismo — los viejos hábitos, las luchas, los conflictos y las memórias de los fracasos. Muy pronto, el creyente se resigna a la idea que esto es normal, y que no puede experimentar la victoria en su vida. Después de todo, muchos de sus amigos cristianos no están experimentando la victoria tampoco.

Lea y resuma:

Juan 8:32-36

____

____

____

____

Romanos 6:6,7

____

____

____

____

Romanos 8:1,2

2 Corintios 2:14

En el caso de oyentes de Pablo: ¿Por qué no tuvo efecto la libertad en Cristo sino eligieron la esclavitud otra vez?

Lea Romanos 6:11-14 y resuma en sus propias palabras:

¿Aunque hemos sido liberados de tener que obedecer el poder del pecado es posible que escogemos obedecerlo en vez de caminar según nuestra nueva vida de victoria en Cristo?

Cómo un Cristiano renacido, ¿cuál es su nueva identidad?

____

____

____

¿Quién es su nuevo "Maestro/Dueño"? (Romanos 8:15; 1 Corintios 6:19,20)

____

____

____

> *Estad, pues, firmes en la libertad con que Cristo nos hizo libres, y no estéis otra vez sujetos al yugo de esclavitud* (Gálatas 5:1).

El problema para un creyente que está andando en derrota no es que no tengo victorioso ¡porque ya somos victoriosos! (vencedores), y nosotros somos libres. ¡La vida de Cristo es la victoria en nosotros para todo lo que afrontamos! Mejor dicho, el problema consiste en que podemos decidir (conscientemente o subconscientemente) no reclamar nuestra victoria, pero en cambio, seguir viviendo como si estuviéramos en la esclavitud. Esta condición en nuestra vida se llama "andar conforme a la carne" en vez de "andar conforme al Espíritu".

El mundo nos dice que para obtener la victoria es por nuestro esfuerzo; Dios nos dice que obtenemos la victoria por el morir a nosotros mismo, (por reconocer que somos muertos al pecado). Su manera es exactamente opuesta de la manera que el sistema del mundo nos ofrece. El camino hacia arriba, es hacia abajo; tenemos que fracasar para tener éxito; tenemos que morir para poder vivir.

LA VICTORIA EN EL VICTORIOSO

Nuestro maestro fue el pecado
Y esclavos nosotros de él (Rom. 6:20)
Un viejo hombre triunfante,
Contra sepulcro y nacer.
Fue la muerte arrodillada
Cuando el velo fue rasgado (Mat. 27:51)
Por el Cristo crucificado, (Rom. 5:8)
Quien la furia del pecado dejó saldada

Cuando Él se levantó de la muerte,
Victoriosamente sobre el pecado
Nueva vida Él ofreció (Juan 5:24)
A mí y a mis emparentados.
El ascendió al cielo (Hechos 1:9)
A la diestra del Padre (Heb. 12:2)
Allí en gloria nos ha sentado (Efesios 2:6)
Expulsando la presencia del pecado.

Cuando pecamos, a Cristo morimos (Rom. 6:11)
Sin el pecado — Él no hubiese muerto;
Y a través de las personas que fuimos
Por su control fue que competimos.
Cuando por engaño y permiso
Nuestras voluntades se enredaron (Rom. 6:13a)
Otorgamos la gobernación;
A nuestro enemigo: la Carne.

El 'viejo hombre' murió en Cristo (Rom. 6:6)
En nosotros (el 'yo') la carne permanece, (Gál. 5:17)
Al pecado en su deseo se le accede el territorio
    en nuestra voluntad; (Rom. 6:12)
También a la carne crucificad—
Con sus afectos y lo que desee; (Gál. 5:24)
Trayendo sus obras a la muerte. (Rom. 8:13)
Volvamos confiando en la Cruz (2 Cor. 4:11)

Nuestra cabeza en el celestial (Efesios 2:6)
Y sobre la Tierra nuestra humanidad.
Con nuestras mentes en renovación (Rom. 12:20)
Conociendo la verdad en su valor, (Efesios 1:6)
Afectando así nuestro hablar
Con Cristo nuestra cabeza de la verdad, (Efesios 5:23)
Y afectando nuestro caminar (Gál. 5:25)
Seamos guiados por el Señor. (Rom. 8:14)

Victoria constante es prometida (2 Cor. 2:14)
Los que en Cristo somos ubicados (1 Cor. 1:30)
Ha venido a ser nuestra porción
Y el "yo" nuestro para ser borrado.
La vida que Él vive (Gál. 2:20)
Es solamente conocerle
Su gozo en nosotros –
Completa nuestro gozo (Juan 15:11)
En El somos completados (Col. 2:9-10)

Tu vida en Dios Estará escondida (Col. 3:3)
Ganando toda bendición espiritual (Efesios 1:3)
Perdiendo todo impulso mundanal
Y las cosas celestiales de por vida (Heb. 12:27)
Miremos juntos la esperanza bienaventurada (Tito 2:12-13)
Ansiosamente aguardando la llamada (1 Tes. 4:16)
Pues Su retorno, como fue, así vendrá (Hechos 1:11)
Encontrándole en celestial hogar cuando nos reunirá. (1 Tes. 4:17)

LECCIÓN 7
MI ELECCIÓN

Introducción

Inmediatamente después de la cruz hay un pico que indica victoria seguido por un valle que significa derrota, es decir, un retorno la vida del yo o caminar en la carne. Esto es lo que llamamos una "recaída" o "retroceso", la experiencia del creyente en ese momento está directamente relacionada con la forma en la que su carne ha sido programada durante sus años de desarrollo y su caminar cristiano previo. Aquellos que tuvieron algunos problemas emocionales bastante graves pueden experimentar una regresión en cierta medida. Otros pueden estar bastante bien adaptados y experimentar meramente una pérdida de poder en su vida y testimonio. Aun otros pueden verse atrapados de nuevo en un pecado dominante particular. Normalmente la derrota no será de la magnitud que solía ser antes de la experiencia de la victoria. Pero algunos regresan a pautas de compartimiento, pensamientos y emociones similares a aquellas que tipificaban su previo andar carnal. Es imperativo que consideremos el hecho que la carne (el yo) nunca puede ser mejorada—incluso después de que la Cruz se ha hecho realidad en la vida del creyente. Hacemos esta afirmación de manera que podamos apreciar la absoluta necesidad de andar en el Espíritu, negándonos a nosotros mismos y tomando la cruz diariamente (Lucas 9:23)...

Cuando el creyente no es avisado que esto es lo habitual, puede que comience a auto compadecerse y regrese a la vida carnal durante un tiempo. Cuando esto ocurre es necesario encontrar la victoria de nuevo igual que antes, siempre

> *Porque nosotros siempre estamos entregados a muerte por causa de Jesús, para que también la vida de Jesús se manifieste en nuestra carne mortal* (2 Corintios 4:11)...

A menudo el creyente puede casi desesperase al pensar que su experiencia con el Señor no fue real o fue defectuosa o que nunca podrá retornar la victoria una vez que la perdió. No pocos han pensado que era imposible que fuesen derrotados otra vez, y cuando lo fueron, les causó una gran desilusión.

Sólo encontraremos la victoria en el poder del Espíritu Santo. Y es en Su poder como reiniciaremos y mantendremos un caminar victorioso:

> *Andad en el Espíritu y no satisfagáis los deseos de la carne* (Gálatas 5:16)

Hacia La Felicidad
Páginas 109-115

LECCIÓN 7
MI ELECCIÓN

¿Por Qué Es Que Tenemos Una Elección?

Aunque hemos sido liberados del poder del pecado (tener que obedecerlo) por la muerte del "hombre viejo o el espíritu viejo", reconocemos que tenemos una opción de "andar después de la carne" o de "andar en el Espíritu".

Mi Voluntad (Mi Selector)

Vamos a revisar el diseño del hombre:

DIAGRAMA 10

Lean: Romanos 8:9; Gálatas 5:17; Colosenses 3:4; Colosenses 3:9,10

CRISTIANO CARNAL EN EL ESPIRITU PERO CAMINANDO DESPUES DE LA CARNE

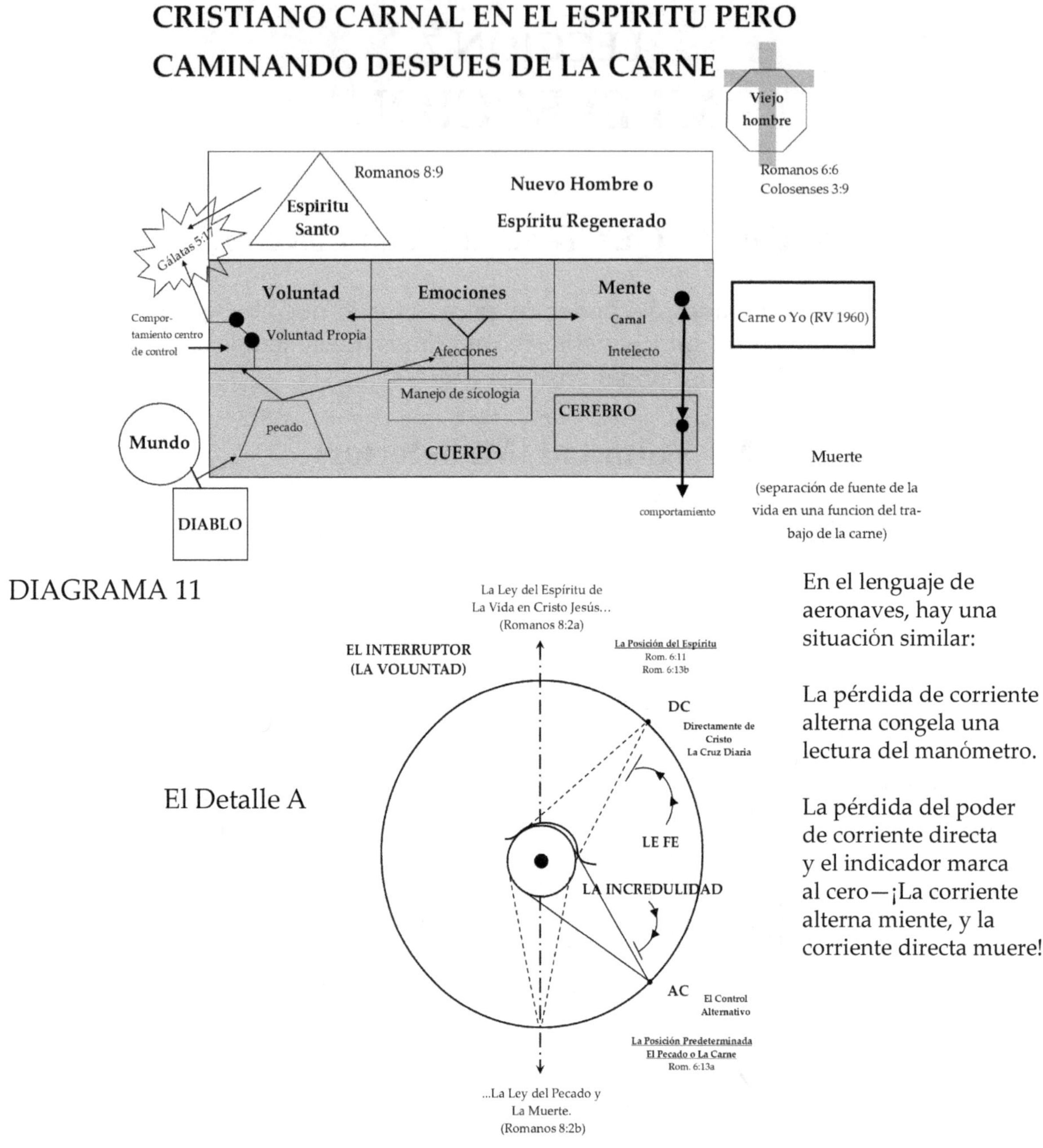

DIAGRAMA 11

El Detalle A

En el lenguaje de aeronaves, hay una situación similar:

La pérdida de corriente alterna congela una lectura del manómetro.

La pérdida del poder de corriente directa y el indicador marca al cero—¡La corriente alterna miente, y la corriente directa muere!

¡La posición del 'estándar' es la Corriente Alterna o la posición del pecado que, en efecto, nos calcula muertos para Dios y consciente del pecado—Romanos 6:11 en el opuesto! Sin embargo, se nos ha ordenado contarnos a nosotros mismos muertos al pecado y vivos para Dios—esta es la posición del Espíritu. Entonces, el Espíritu Santo puede renovar nuestras mentes y transformar nuestras vidas. Este es la consideración diaria (Lucas 9:23) y constante (2 Corintios 4:11) ¡la muerte de si mismo debe convertirse en una forma de vida!

NOTEN: Una explicación más profunda de este diagrama está contenida en la parte 2 del libro *Del Rechazo A La Aceptación* por el Dr. Solomon.

En el Diagrama 11, la 'voluntad' puede ser puesta en la posición del 'pecado', (que es el andar conforme a la carne, o en la posición del "Espíritu Santo", (que es el andar en el Espíritu).

LA MENTE	⟶	"EL PENSADOR"
LA VOLUNTAD	⟶	"EL SELECTOR" O 'EL RECONOCEDOR"
LAS EMOCIONES	⟶	"EL SENTIR EMOCIONAMENTE"

Nosotros tomamos las decisiones (escogemos) con la voluntad, y no con la mente. No es que "hacemos la decisión en nuestras mentes" para hacer algo. Decidimos con nuestra voluntad. Esto no debe ser hecho basado por nuestras "emociones", sino en los "hechos"—la verdad por la Palabra de Dios.

Lea los siguientes versículos, escogiendo el verbo, cual es la acción de la voluntad.

Romanos 6:11: "...vosotros ______________________________ muertos al pecado..."

Romanos 6:13: "...__________________________vosotros mismos a Dios..."

¿Cómo podemos 'elegir' (escoger) a Cristo ser el centro de nuestra vida e intercambiar la vida de si-mismo (el andar conforme a la carne) para la Vida de Cristo (El andar en El Espíritu)?

Revisen a Romanos 6:11-14:

Así también vosotros consideraos muertos al pecado, pero vivos para Dios en Cristo Jesús, Señor nuestro...determine cederse al Espíritu de Dios que mora en Usted e elegir aquellas cosas que son agradables a Dios—¡no importa cómo se sienta!

¿Por qué es que algunas personas sienten que no tienen una opción?

____

____

____

____

"El Camino de La Vida Carnal" (La Vida de "Yo")

Lea Gálatas 5:16,17. Como se muestra en las siguientes páginas tenemos la opción de "consideraos muertos al pecado, pero vivos para Dios..." (Romanos 6:11). De lo contrario, será una elección por nuestra condición de base y nos consideraremos muertos a Dios y vivos para el pecado (como se muestra en el Diagrama 11 en la página 92).

LA VIDA CRISTIANA CARNAL

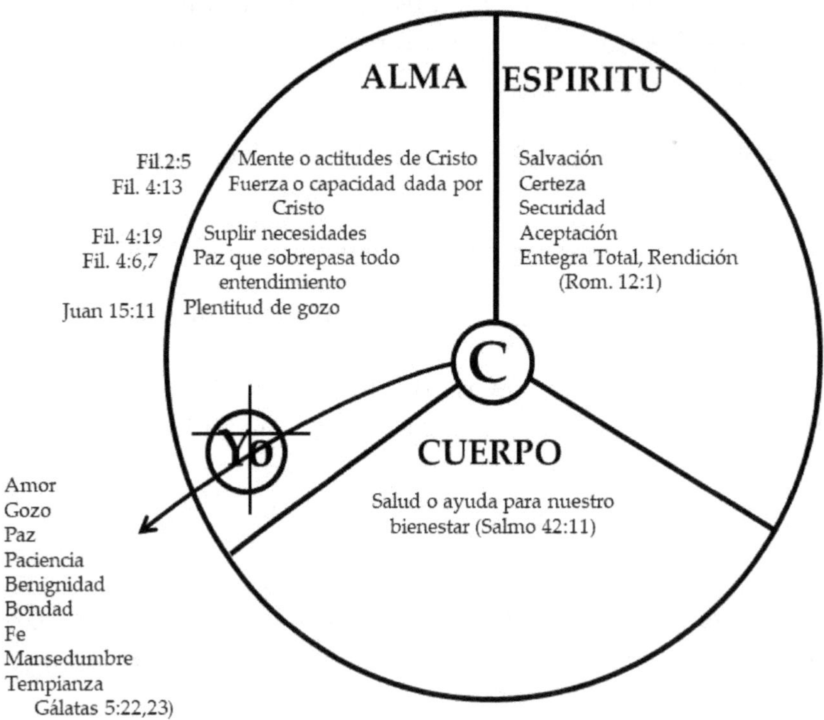

DIAGRAMA 12

Haciendo para Ser "Viviendo bajo la ley"

El "Yo" en este diagrama 12 es la carne (o "el si mismo") es el confiar en las formas que hemos aprendido usar para enfrentar la vida aparte de Dios—dependemos de cómo hemos aprendido a soportarnos (satisfaciendo nuestras necesidades) sin considerar a Dios. Aprendimos a vivir confiando en ídolos. Un ídolo es algo al cual yo acudo para satisfacer mis necesidades en lugar de, o aparte de confiar en Jesucristo.

A pesar que poseamos la vida de Cristo y nuestra nueva identidad es justo y victoriosa, podemos elegir no tener a Cristo en control como el centro de nuestras vidas, y por lo tanto no experimentamos Su Vida a través de nuestra vida. ¿Eres consciente de las veces cuando has hecho esto?

¡Por supuesto que esto es posible, y como creyente es posible que no hayas hecho nada más que esto mismo!

Andamos bajo una "Identificación Falsa", como si el viejo hombre estuviera vivo y todavía fuéramos esclavisados por el poder del pecado. ¡En tal situación, somos impotentes para enfrentarnos con la vida! Como se muestra en el diagrama 11 en la página 92, el interruptor de la voluntad está puesto en la posición del "pecado". En efecto, nos hemos contado a nosotros mismos muertos a Dios y vivos al pecado, lo contrario de Romanos 6:11. Recuerde una su experiencia que revela la vida controlada por "el si mismo" en su experiencia.

____

____

____

____

____

____

____

____

Lea y resuma Juan 15:5

____

____

____

____

____

CRISTO EL CENTRO DE LA VIDA

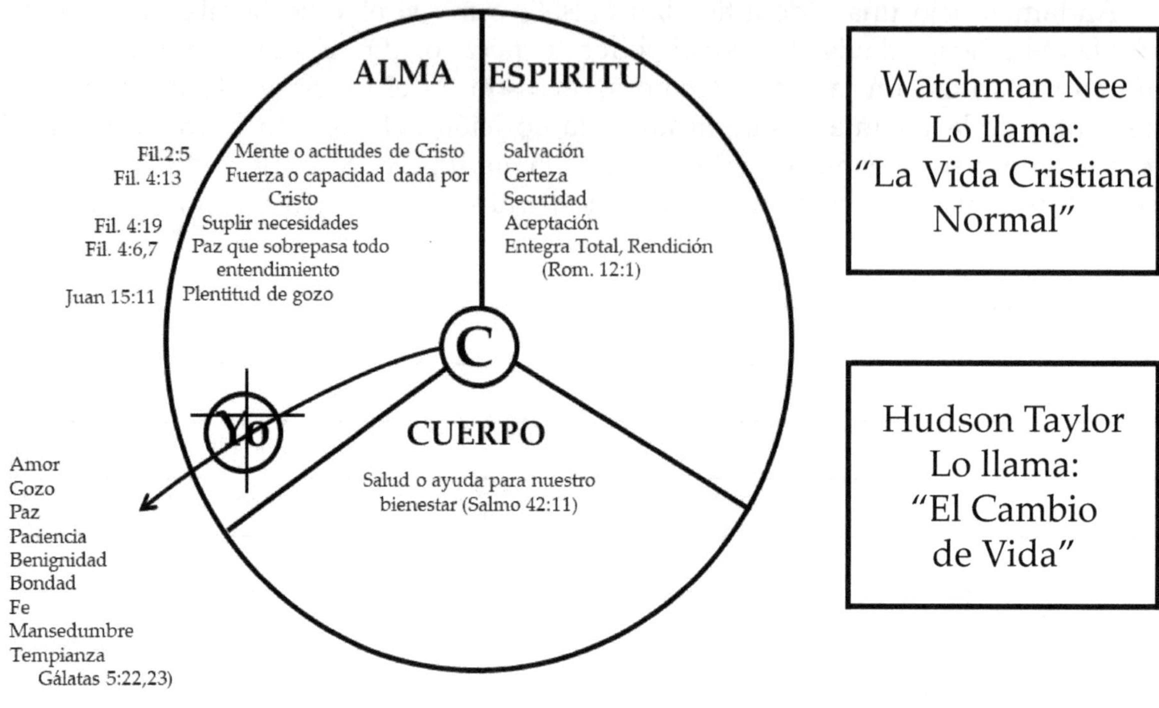

Diagrama 13

Siendo para Hacer
"Viviendo por Gracia"

Noten que el "Yo" ("Y") con una cruz en el fondo representa la carne "bajo la influencia de la cruz", al considerarnos muertos al pecado y vivos a Dios. (Esto es lo opuesto de la opción mostrada en la pagina 94.)

Lea y resuma Gálatas 5:22-25:

____

____

____

____

____

¿En medio de dificultades, ha puesto la reclamación de este nuevo potencial? Dé una ilustración de cómo ha negado confiar en sí mismo y ha confiado en Cristo para dar los buenos frutos a través de Usted.

____

____

La Importancia De La Fe

Lea Romanos 1:17; Gálatas 2:20, y en Hebreos 11. ¿Cómo es que la fe en Cristo como La Vida, está relacionada a su decisión para la victoria de Él?

____

____

____

____

Lea Colosenses 2:6,7. ¿Cómo vino Usted a recibir a Cristo? ¿Cómo debería Usted andar en Él?

____

____

____

____

¿Cuál es la característica de los creyentes que andan por la fe? (Colosenses 2:7)

____

____

____

____

¿Cuál es la característica de los creyentes que andan "conforme a la carne"? (Vea el Diagrama 12)

____

____

____

____

Evalúe Sus Cinco Modelos Prominentes De Su Andar En La Carne

La Vida de Si-Mismo

La Testarudez	La Vanidad
El Orgullo	Los Sentimientos de Inferioridad
La Intolerancia	El Egoísmo
La Ambición Egoísta	La Impaciencia
La Envidia	La Hipersensibilidad
La Disensión	La Retiración de Relaciones
La Falta de Amor	La Ansiedado
La Culpabilidad	Con Falsa Modéstia
El Temor	La Justificación de Si Mismo
La Indiferencia	La Auto Indulgencia
El Tener Dominio	La Autosuficiencia
Un Espíritu Crítico	El Esfuerzo Propio
La Depresión	La Auto-Justificación
El Nerviosismo	La Pereza
La Hostilidad	La Ira

El superar tales pecados no se alcanza por nuestro propio esfuerzo. Las actitudes carnales, las acciones y las palabras son "desplazadas" al permanecer en Cristo.

> *Sino vestíos del Señor Jesucristo, y no proveáis para los deseos de la carne.* (Romanos 13:14)

NOTEN: No siempre podemos confiar en nuestras emociones. Es posible que puedan haber sido dañadas como consecuencia de la programación de la vida anterior. Nos podemos "sentir" bien (por ej. 1 Corintios 10:12), sin estar en el compañerismo con Dios, aun si las cosas "parecen bien". Lo contrario también es la verdad: Los tiempos de pruebas—cuando se parece que todo va mal—pueden ser en realidad los tiempos de la fe y dependencia en Dios (2 Corintios 4:7-11), pero nuestros sentimientos nos dirán que nada va bien.

Debemos Afirmar a Cristo Como La Vida

Cuando podemos afirmar que Cristo es nuestra Vida—por medio de la fe y la rendición—entonces, Su vida, Su carácter, Su fruto, será nuestra experiencia (en nuestra alma). En que Él viva Su Vida a través de nosotros, seremos continuamente conformados con la realidad de Su presencia en nuestro espíritu (Romanos 8:28,29; 2 Corintios 3:17,18; Filipenses 1:6). La siguiente lista muestra las características de Su Vida, las cuales, al ser reclamadas, vienen a ser "Cristo, Mi Vida".

En Cristo, todo lo que le pertenece a Jesús le pertenece a Usted. ¿Usted cree esto? ¿Está Usted viviendo como si fuera la verdad?

JESUCRISTO
EL SEÑOR
ES AHORA MI VIDA

Filipenses 1:21
Colosense 3:4

ENTONCES ÉL ES:

Mi Fuerza	Salmos 27:1, Fil. 4:13
Mi Sabiduría	1 Corintios 1:30
Mi Santificación	1 Corintios 1:30
Mi Justicia	1 Cor. 1:30, 2 Cor. 5:21
Mi Redención	1 Corintios 1:30
Mi Paz	Juan 16:33, Efesios 2:14
Mi Victoria	1 Cor. 15:57, Col. 2:15
Mi Gozo	Juan 15:11
Mi Esperanza	Col. 1:27
Mi Obediencia	Heb. 10:7
Mi Plenitud Espiritual	Col. 2:9,10
Mi Bondad	Gál. 5:22
Mi Fuente de Amor	Juan 17:26, 1 Juan 4:8
Mi Amabilidad	Gál. 5:22
Mi Fuente del Perdón	Lucas 23:34
Mi Paciencia	Gál. 5:22
Mi Reposo	Mat. 11:28, Heb. 4:10
Mi Auto-Control	Gál. 5:23
Mi Libertad	Gál. 5:13a
Mi Dulzura	Gál. 5:23
Mi Mente Espiritual	1 Cor. 2:16
Mi Fidelidad	Gál. 5:22
Mi Acceso a Dios	Juan 14:8, Ef. 2:18
Mi Recurso	Filipenses 4:19

VENID A MÍ

"Venid a Mi", Mi Salvador me llama
"Y os daré descanso", (Mateo 11:28)
A los que viven en muerte
Y a los que están en angustia, pero vivos
La Vida Eterna es prometida— (Rom. 6:23)
Una vida en abundancia y libre (Juan 10:20; Gál. 5:1)
Si sólo fuéramos a descansar en Él
Y que Él nos dé el reposo.

Por el pecado que nos separó
La muerte por Adán se nos fue trasladada (Rom. 5:12)
Si del pecado nos arrepentimos
La Vida Eterna por el Espíritu Santo es soplada
La vida terrenal que teníamos
Intercambiada por la del cielo—
Las obras terrenales sin medida (Gál. 5:19-21)
Se rinden a Su fruto del amor eterno. (Gál. 5:22,23)

Podría decir, 'soy tan vencido'
Que casi me desespera la vida;
Por tanto que deseo obedecerlo,
Diariamente vivo en la lucha.
Mientras que me gustaría hacer su voluntad. (Rom. 7:22)
Me encuentro cumpliendo la mía; (Rom. 8:19b)
En vez de los hechos de justicia
Lo que no puedo condonar, yo hago.

"¡Miserable de mí!" (Rom. 7:24a)
En derrota diariamente sufro,
En lo que leo Su Santa Palabra
Que ¡estoy completo En Cristo! (Col. 2:1)
Cuando llego al fin del "Yo"
En una masa de frustración,
Oigo esas palabras que dan liberación—
"Ninguna condenación". (Rom. 8:1)

En mi lucha de obedecer al Señor
Ordene toda mi fuerza;
Solo en encontrar que mi Amado Padre
Tenía la paciencia ilimitada.
No importaba que tanto me esforzaba
El pecado y derrota era lo normal;
Todo mi propio esfuerzo tuvo que terminar
Y a Su imagen me conformaré en total. (Rom. 8:29)

Cuando todos mis esfuerzos resultaron inútiles
Y mi carne a Su luz, fue expuesta
El tratar se rindió al morir y
Fui forzado de vencerme en la lucha.
"Con Cristo estoy juntamente crucificado" — (Gál. 2:20)
La palabra que por Su Espíritu fue bendecida;
Puedo a su súplica ahora obedecer,
"Venid a Mí y descansa".

27 de Febrero, 2000

LECCIÓN 8
LOS CAMINOS A LA CRUZ

Introducción

Puede ser un alivio el saber por qué está usted donde está. Por lo menos sabe a dónde ir desde allí y que no puede hacerlo mediante el auto esfuerzo. Entienda que el rendirse y dejarlo puede requerir valor, puesto que se está negando a usted mismo el derecho a repararse.

Al colocar al "X" en el mapa de su viaje espiritual, recuerde que esperar pasivamente a que aparezca el siguiente obstáculo es garantia de un retraso importante en su crecimiento espiritual. Igual que al conducir un coche, las señales de tráfico aparecen al desplazarse—y no quedándose quieto. La fe es el poder que impulsa el movimiento. Es por la gracia mediante la fe como somos salvados del pecado (Efesios 2:8) y también es por gracia mediante la fe como somos salvados de nosotros mismos.

¿Le ha mostrado el Espíritu Santo que aquello a que usted está aferrado es a su vez lo que impide su progreso? Podría ser un pecado consentido, una relación, una posesión, un concepto inadecuado de Dios, o un viejo temor (quizás el temor a la libertad o al fracaso o a perder el control)—cualquiera de ellos (o todos a la vez) pueden retardar nuestro progreso y hacer que nos sintamos derrotados.

Si Dios está en control, nosotros debemos perder el control...El temor de perder el control, incluso aunque lo que estemos haciendo no funcione, es probablemente el mayor de los temores del cual todos nos enfrentamos. La perspectiva de perder lo familiar, incluso aunque sea doloroso, por aquello otro que nos es desconocido, puede ser una perspectiva atemorizante.

Perder la identidad cuando uno no tiene nada con qué reemplazarla puede causar un daño masivo a la autoestima, y pocos pueden tolerarlo. Sin embargo, Dios no nos pide simplemente que perdamos nuestra identidad, sino que la intercambiemos por otra que funcionará todo el tiempo hasta la eternidad. Cualquier cosa que hayamos considerado previamente como nuestra vida deber ser abandonada para que podamos conocer a Cristo como nuestra vida. Debemos perder nuestra vida para poder salvarla. Jesús dijo:

> *De cierto, de cierto os digo, que si el grano de trigo no cae en la tierra y muere, queda solo; pero si muere, lleva mucho fruto. El que ama su vida, la perderá; y el que aborrece su vida en este mundo, para vida eterna la guardara* (Juan 12:24,25).

El misionero mártir, Jim Elliot, captó el significado de esto cuando escribió en su diario: "No es ningún necio el que da lo que no puede mantener para conseguir lo que no puede perder".

Hacia La Felicidad
Páginas 99-102

LECCIÓN 8
LOS CAMINOS A LA CRUZ

LA REVISIÓN DEL DIAGRAMA DE LÍNEA

Este capítulo podría ser un tiempo de revisión para poder averiguar dónde es que Usted está para que pueda ver a dónde el Espíritu Santo quiere llevarle. Recuerde; la espiritualidad no se alcanza (por las buenas obras). Se obtiene (por la gracia mediante la fe). Esta lección ofrecerá una visión general de los progresos del creyente en la apropiación de la Cruz en su experiencia. Servirá el propósito como un mapa de carreteras del viaje espiritual para que se pueda localizar uno mismo y evaluar el progreso (si lo ha habido), en la vida espiritual. El primer diagrama servirá para relacionar el viaje con el viaje de los Hijos de Israel y proponer tres eventos significantes en la vida del creyente para que se pueda medir el progreso en comparación en función de ellas. Los acontecimientos claves en la historia de la redención de Israel son:

- El éxodo (Éxodo 14:1-31)
- Los cuarenta años de vagar en el desierto (Números 13:1—36:13), y
- Cruzando el Rio Jordán entrando a Canaán (Josué 3:1—4:14)

La nación fue:

1. redimida por el cordero pascual (Exodo 12),
2. entregada al liderazgo de Josué (Joshua 1:16-19), y
3. entraron victoriosos en su nueva identidad como el pueblo de Dios al cruzar al Jordán.

El camino está en la forma de una línea de tiempo, con los eventos significativos que ocurrieron simultáneamente o en una serie con diferentes cantidades de tiempo entre ellos.

¿Puede Usted marcar con una "X" en el mapa (la línea de tiempo) el punto donde fueste salvo?

___

¿Está Usted seguro dentro de su corazón, que ha nacido de nuevo espiritualmente? (Vea la Lección 2)

___

¿En qué se basa su certeza?

____

____

____

LÍNEA DE TIEMPO

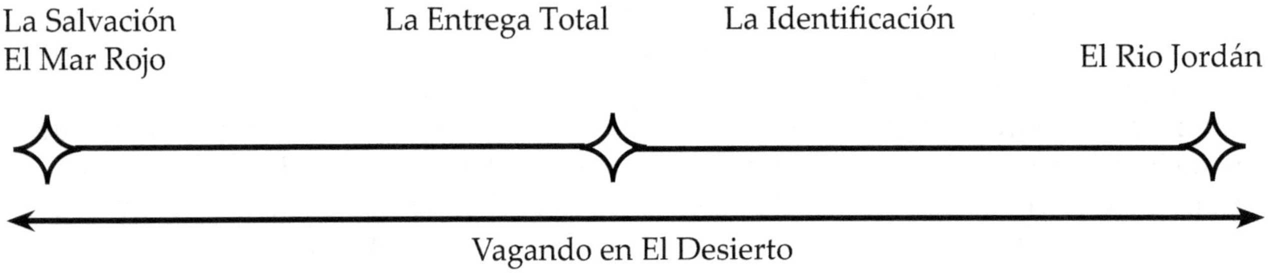

La Salvación El Mar Rojo — La Entrega Total — La Identificación — El Rio Jordán

Vagando en El Desierto

Dios hubiera querido una rendición total en el momento de nuestra salvación (cruzando el Mar Rojo como se muestra en el diagrama 14, página 107) y experimentar la victoria de cruzar el Río Jordán a Canaán (el símbolo de la vida en abundancia) como una transacción de fe única. Sin embargo, en la experiencia práctica, pocos son instruidos en el significado de cruzar el Rio Jordán al mismo tiempo de confiar en Jesucristo como Salvador y Señor. Por lo tanto, la mayoría de los Cristianos sólo pueden apropiar esta verdad en un momento posterior de su salvación. (Ver "El Camino Romano: Desde El Desierto a Canaán" por el mismo autor).

¿Está Usted absolutamente seguro que ha cedido el control de su vida al Señor por un hecho de su voluntad? ¿Cómo fue que lo hizo y cuándo?

____

____

____

____

¿Ha llegado al final de usted mismo donde el Espíritu Santo ha (por lo menos por un tiempo) transformado su vida en reclamar su identificación con Cristo? ¿Cómo y cuándo?

____

____

____

____

¿Usted puede colocarse—como el Espíritu Santo le da testimonio con su espíritu, en algún punto sobre la línea de tiempo en la página anterior? Si no, vayamos a la explicación de los siguientes diagramas.

CRISTO, COMO SALVADOR, SEÑOR, Y VIDA EL IDEAL DE DIOS

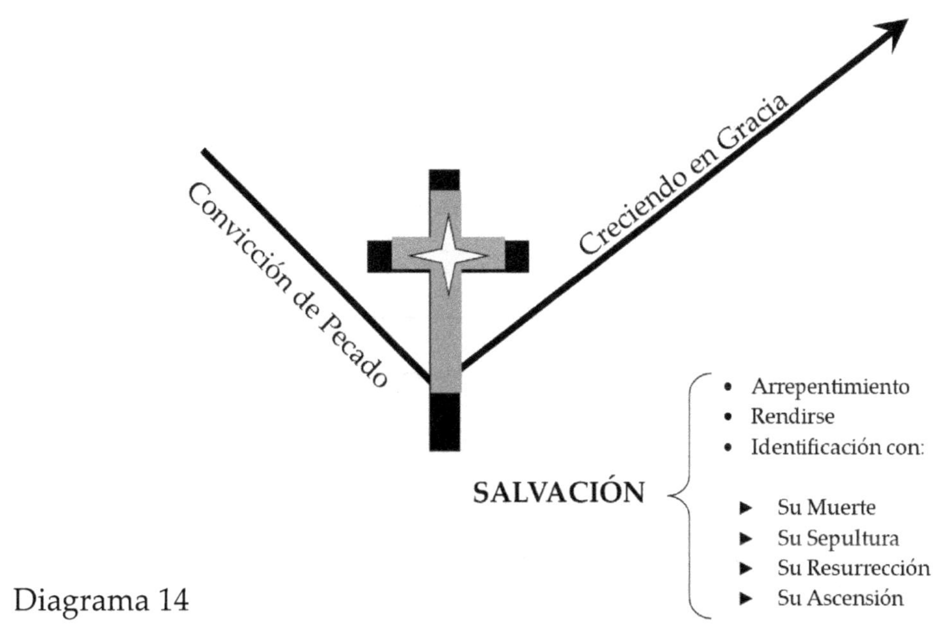

Diagrama 14

El diagrama 14 muestra el caso infrecuente del creyente que experimenta y se apropia de todos los eventos antes mencionados en el momento de la salvación. Después de esto, tiene crecimiento espiritual, pero los altibajos son indicativos del conflicto entre la carne y el Espíritu (Gálatas 5:17) este creyente tendrá esta situación hasta que mude de su cuerpo físico. Lucas 9:23 nos dice que debemos tomar nuestra Cruz diariamente, y en 2 Corintios 4:11 nos indica que nosotros siempre debemos ser entregados a la muerte por la causa de Jesús; por lo tanto la Cruz no es un evento de tiempo en la vida del creyente. Entrando a la bendición de nuestra identificación con Cristo es simplemente un nuevo comienzo en la vida de la gracia, negándonos a nosotros mismos y tomando a diario la Cruz y experimentando la iluminación por el Espíritu Santo.

¿Es usted uno de aquellos en los cuales los tres acontecimientos ocurrieron simultáneamente? ¿Es Cristo su Señor y su vida, así como su Salvador? ¿Sabía que este era el caso o le ha dado esta materia la comprensión intelectual de la realidad espiritual, que previamente ha experimentado?

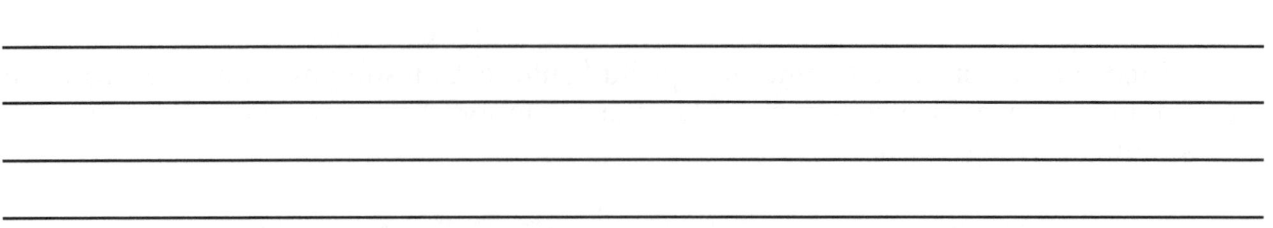

Los siguientes diagramas son designados para ilustrar la experiencia de la mayoría de los creyentes que han encontrado la victoria. La mayoría de los discípulos de Cristo encuentran que los eventos en la línea de tiempo son separados por meses o años. Como les he dicho, es la voluntad de Dios que los tres sean experimentados al tiempo del nuevo nacimiento; pero debido a que la carne es tal como es, la mayoría experimentan un proceso con sufrimiento y quebranto que desempeñan una parte vital en la vida. Podemos aprender a través de La Palabra (Plan A) o podemos aprender por las experiencias (Plan B).

Al tiempo de su salvación, ¿hizo una decisión consciente para permitir que el Señor Jesucristo sea El Señor de tu vida?

Los diagramas 15, 16, 17, y el 18 son variedades típicas del proceso de una apropiación retrasada de Cristo como La Vida. Tenga en cuenta las diversas localizaciones de la estrella (la entrega total) y la más pequeña cruz (la identificación de reconocimiento).

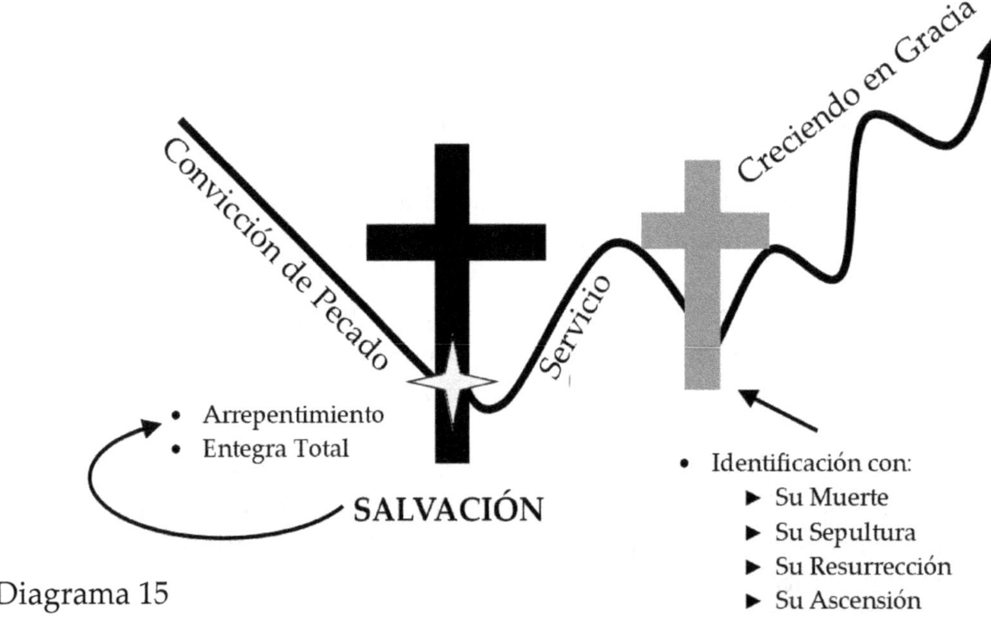

Diagrama 15

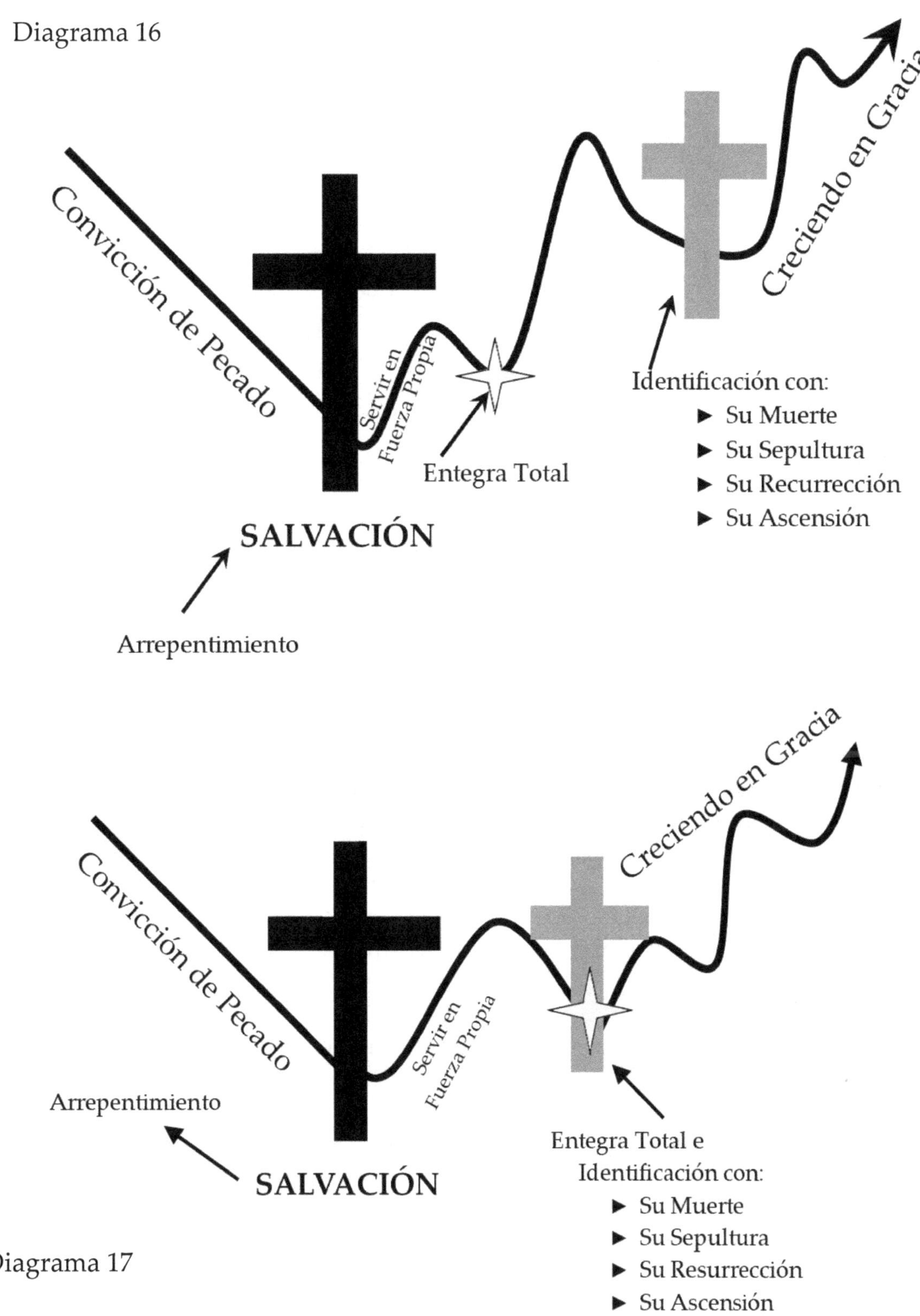
Diagrama 16
Convicción de Pecado
Servir en Fuerza Propia
Entegra Total
Identificación con:
► Su Muerte
► Su Sepultura
► Su Recurrección
► Su Ascensión
Creciendo en Gracia
SALVACIÓN
Arrepentimiento
Creciendo en Gracia
Convicción de Pecado
Servir en Fuerza Propia
Arrepentimiento
SALVACIÓN
Entegra Total e
Identificación con:
► Su Muerte
► Su Sepultura
► Su Resurrección
► Su Ascensión
Diagrama 17

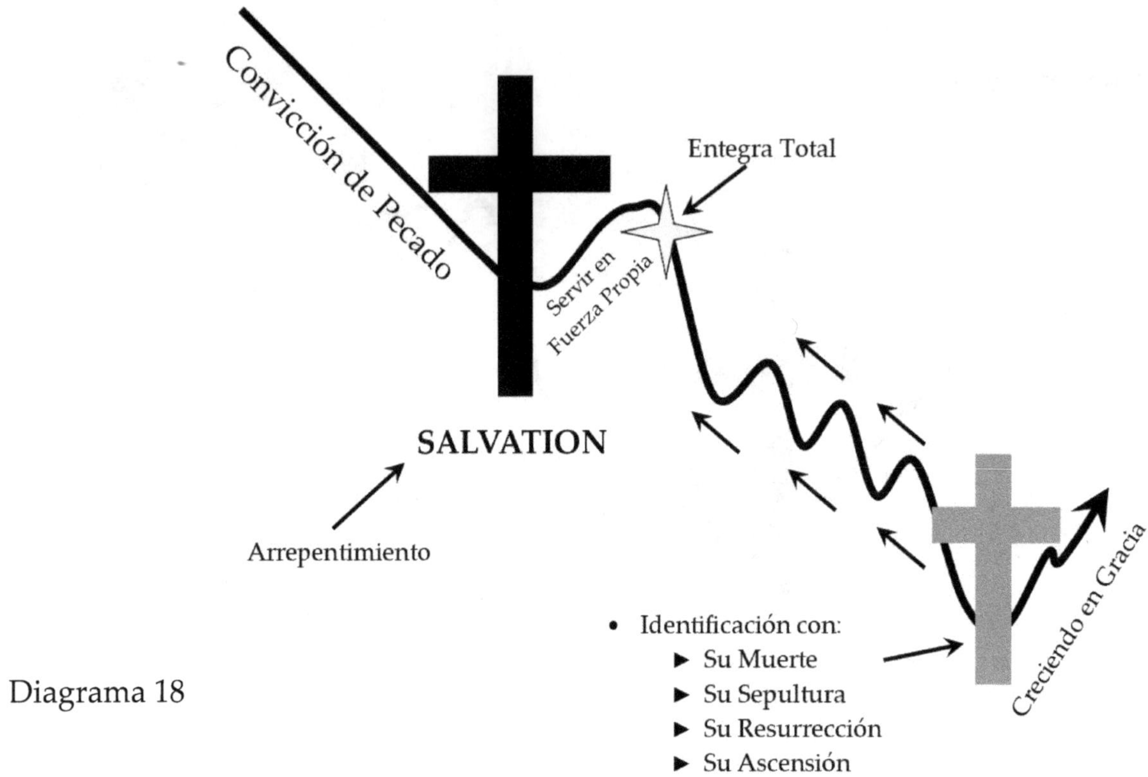

Diagrama 18

En todos los diagramas mostrando los caminos a la Cruz, la convicción de pecado es necesaria. En estos diagramas, la salvación es restringida al nuevo nacimiento, pero, pudiera ser acompañada por una entrega total. Si la entrega total se hace en el momento de la salvación el siguiente acontecimiento en la línea de tiempo sería la identificación experimental: si no, ocurriera necesariamente al punto después en tiempo. (Vea diagramas 16,17, y 18). Al tiempo de la entrega total, con entrega total, un creyente que está en el final de sus recursos puede entrar en la realidad de la identificación al mismo tiempo con los habituales altibajos después (Diagrama 17). Sin embargo, hay aquellos que hacen una firme entrega total pero todavia toman más años para alcanzar la experiencia de la Cruz en su vida, de Gálatas 2:20, con el sufrimiento siendo común hasta el punto de la identificación (Filipenses 1:29,30) (Diagrama 18).

¿Después de la entrega total, mejoró su vida o rápidamente tomó una vuelta para estar peor? Explique:

____

____

____

____

____

____

Durante las experiencias negativas en el camino hacia abajo en este proceso de quebrantamiento, (Diagrama 18), hay generalmente muchos intentos y esfuerzos para impedir el progreso hacia abajo la cual es esencial para comprender que la carne no es confiable. Algunas de estas experiencias posiblemente resulten ser disciplinas espirituales y Dios no honra el esfuerzo hecho. Fortalecer la carne nunca es el propósito de Dios y tales esfuerzos son obstáculos a cumplir Sus propósitos (Juan 12:24,25). Eventualmente, El Espíritu Santo lo puede usar en la vida con el propósito para el que fueron destinados; pero, antes de llegar al quebrantamiento, impiden el progreso a la Cruz de la identificación. Si esta cruz se hace una realidad en el momento de la salvación o a algún punto subsecuente, habrá conflicto entre la carne y el Espíritu para el resto del tiempo en el cuerpo físico con una guerra espiritual también siendo una difícil situación para el creyente (Efesios 5:15-18; 6:10-18).

¿Puede Usted apuntar a un tiempo cuando se entregó totalmente—una transacción de la fe entre Usted y Dios? (Vea la Lección 4).

____

____

____

Habiendo hecho esto ¿ha habido una vez en su vida en la que llegó al fin de si mismo y el Espíritu Santo hizo real Su muerte y resurrección con Cristo? (Vea la Lección 5.). ¿O, puede ser que está Usted en un conflicto de una guerra espiritual después de la Cruz de identificación? Es posible que usted esté esperando algo en su futuro cuando es en realidal algo que Dios hizo en el pasado. Es importante que esté consciente de dónde está para poder saber dónde El Espíritu Santo necesita llevarle.

Si su vida tomó un deslizamiento cuesta abajo (o fracaso) después de su entrega total, describa lo que sucedió y las medidas que tomó con el intento de arreglarlo antes que el Espíritu Santo tuviera Su voluntad en su vida.

____

____

____

____

¿Si previamente ha decidido cooperar con el Espíritu Santo en el proceso de "la muerte y la resurreccion" (Gálatas 2:20), explique ¿cómo y cuándo ocurrió esto?

____

____

____

____

Para comprobar que usted haya comprendido quién es y dónde usted se encuentra en este camino espiritual, haga su variación propia de los diagramas anteriores para representar el camino que usted ha tomado en su vida. Tome en consideración los tres eventos mayores, es decir la salvación, la entrega a su señorio y la identificación con Cristo como su vida.

Mi Camino Personal

Si la Cruz de la identificación ha sido una realidad en su experiencia, describa la progresión de la victoria, la derrota, y la guerra espiritual que se ha caracterizado desde entonces en su experiencia. La progresión puede reflejar eventos de crisis o un proceso gradual.

____

____

____

____

____

____

LA ORACIÓN DE UN PEREGRINO

Señor Jesús, ¡Cómo le agradezco que no sólo me has redimido con tu sangre preciosa! me reconcilió con Dios, mi creador. Te agradezco también que me hayas resucitado de entre los muertos y que en este mismo momento, mores en mí en la persona y el poder de su Espíritu divino. Señor, jamás has esperado que mi independencia produzca o engendrara más que el fracaso. Me has dado tu fuerza para mi debilidad, tu victoria para mi derrota, me has dado a "Si Mismo" para mi ruina! ¡Comienzo ahora, por la fe, un futuro que sólo es limitado po lo que Tú eres! ¡Para mí el vivir es Cristo! Para el bien de Su nombre, Amen.

(Adaptado del libro *The Saving Life of Christ*, por Major Ian Thomas, p.19)

EL VIAJE HACIA EL FIN DEL "YO"

Cuando vine a Jesús
Para limpiarme del pecado (Juan 3:3)
Hubo paz en mi conciencia
Cuando Cristo hubo llegado. (2 Cor. 5:17)

Recordando sus promesas
De una vida victoriosa (2 Cor. 2:14)
Por ser libre luchaba (Rom. 7:24,25)
Mientras mi fe era probada.

Las cargas que encontré
Aumentaban día y día
Cual si Dios me abandonara (Sal.142:4)
Mientras iba por la via.

Aunque por todos medios
El alivio en el sendero;
Me encontraré ningún remedio
Y me entregaré por entero. (Rom. 12:1)

Dios oyendo mi lamento (Sal. 142)
Empezó a regir mi paso. (Sal. 37:5)
Y aunque no encontré reposo,
Rehusó soltar mi brazo.

De mí fuerza estaba exhausto
Y perdía más y más,
Hasta que hube terminado
¡Y el Señor me dio la paz! (Juan 14:27)

Mi Señor me dio la paz
Que supera el entendimiento (Fil. 4:6,7)
Y cayendo de rodillas,
Ya no sufro más tormento.

Si mi parte fue la pena (Fil. 1:29,30)
En su sufrir fui bendito; (Fil. 3:10)
En Jesús fui crucificado (Gál. 2:20)
Fue limpiado mi delito. (Mt. 11:28,29)

LA MIRADA HACIA ATRÁS

Cuando vuelvo a ver la cruz
En que Cristo me redime,
Se estremece mi consciencia
Con amor y paz sublime.

El pecado es puesto en El (1 Pedro 2:24)
Quien murió para que yo viva; (Rom. 5:10)
Y aun clavado en esa cruz
Nos perdona desde arriba. (Lucas 23:34)

Lo maravilloso del perdón
Es bendito por si misma: (Sal. 32:1)
Y saber que aquel pecado
Se convierte en un carisma.

Y después mirar al cielo
Y la gloria que me trajo:
Verlo todo como un sueño
Mientras aquí yo lucho abajo.

Aunque mi alma haga lo suyo (Rom. 7:22)
Su morada está en mi pecho (1 Cor. 3:16)
Más la carne se resiste (Rom. 7:24)
Al camino santo y derecho.

Mientras paso en el tumulto
Y me digo: "hombre maldito", (Rom. 7:24)
Miro atrás, hacia el Calvario (Heb. 12:2)
Redimido mi delito.

Como suyo vi en la cruz
Sustituto del pecado (Rom. 5:8)
Pero no era suficiente
Para el fuego desatado. (Rom. 7:15)

La promesa del Espíritu
Se concreta y viene a mí; (Ef. 1:7)
Yo también crucificado (Gál. 2:20)
Salvo he sido para ti. (Rom. 8:1)

Si morimos al pecado
Y a la ley que nos oprime, (Rom. 8:2)
Tócanos ahora en vida (Lucas. 9:23)
Descansar en paz sublime. (Heb. 4:10)

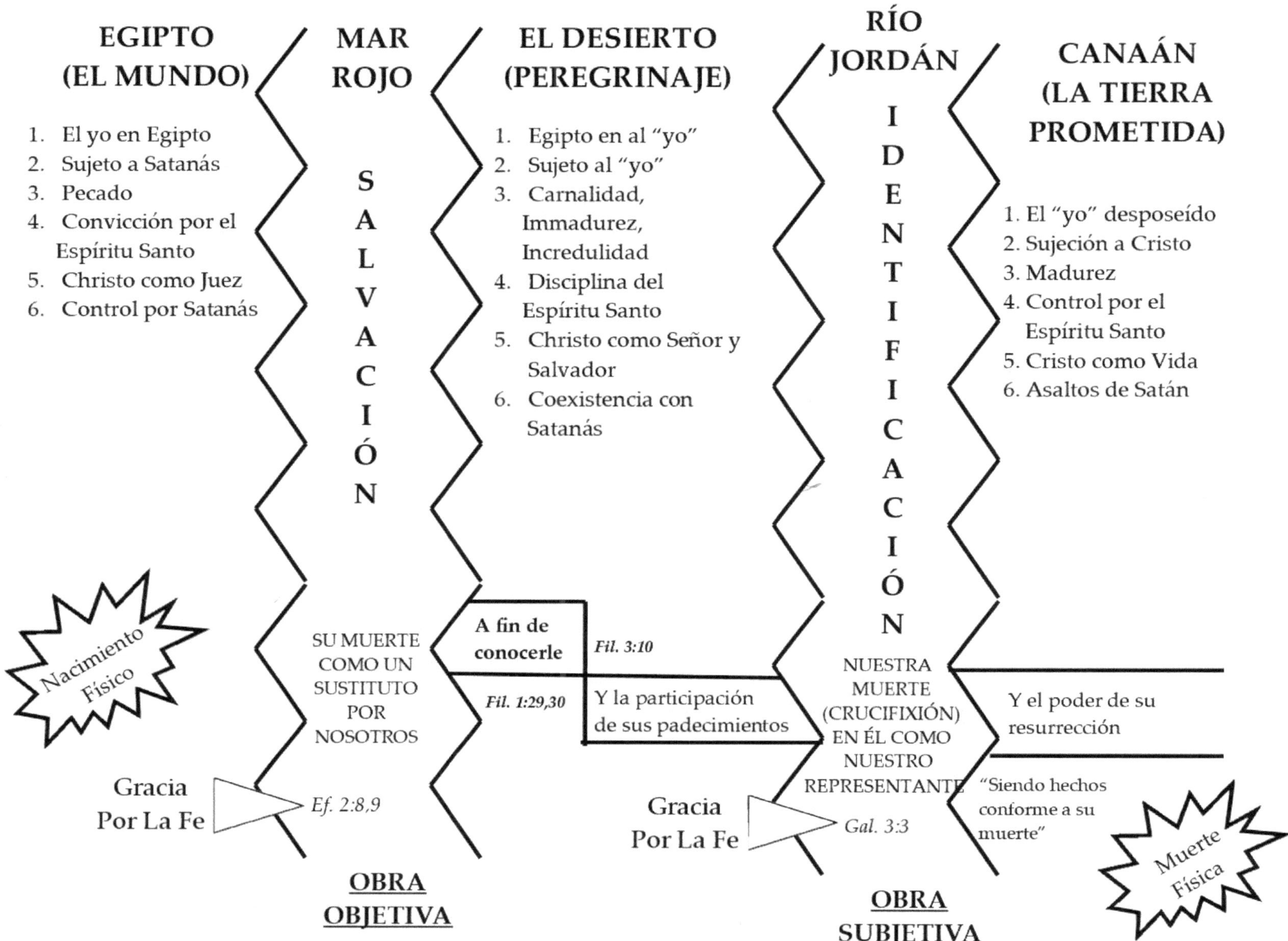
EGIPTO
(EL MUNDO)
1. El yo en Egipto
2. Sujeto a Satanás
3. Pecado
4. Convicción por el Espíritu Santo
5. Christo como Juez
6. Control por Satanás
MAR ROJO
S A L V A C I Ó N
EL DESIERTO
(PEREGRINAJE)
1. Egipto en al "yo"
2. Sujeto al "yo"
3. Carnalidad, Immadurez, Incredulidad
4. Disciplina del Espíritu Santo
5. Christo como Señor y Salvador
6. Coexistencia con Satanás
RÍO JORDÁN
I D E N T I F I C A C I Ó N
CANAÁN
(LA TIERRA PROMETIDA)
1. El "yo" desposeído
2. Sujeción a Cristo
3. Madurez
4. Control por el Espíritu Santo
5. Cristo como Vida
6. Asaltos de Satán
Nacimiento Físico
SU MUERTE COMO UN SUSTITUTO POR NOSOTROS
A fin de conocerle
Fil. 3:10
Fil. 1:29,30
Y la participación de sus padecimientos
NUESTRA MUERTE (CRUCIFIXIÓN) EN ÉL COMO NUESTRO REPRESENTANTE
Y el poder de su resurrección
"Siendo hechos conforme a su muerte"
Gracia Por La Fe
Ef. 2:8,9
Gracia Por La Fe
Gal. 3:3
Muerte Física
OBRA OBJETIVA
OBRA SUBJETIVA

EL TUNEL DE LA ACCIÓN DE DIOS

En este estudio en el siguiente poema autobiográfico, se están acercando al túnel, sintiendo Su camino, o familiarizándose con la tierra de Canaán. En cada fase, es alentador saber que están siguiendo un camino que otros han atravesado y han dejado algunos marcadores en el camino. El trayecto descrito en el poema se expone en detalle en el libro *Hacia La Felicidad* (Tyndale), mi primer libro.

EL EGIPTO

Cuando entramos de lleno en la vida		*La Vida Fisica*
Y acogemos su afán y tristeza,		
Repudiamos la lucha perdida		*La Disillusion*
Y deseamos al fin la promesa.		
Vanamente buscamos el gozo		*La Lujuria*
En placeres y cosas terrenas;		
Y encontramos que el mundo engañoso		*La Descepción*
Es vacío y repleto de penas.		
Más y más el inquieto corazón		
Pide calma al dolor que lo hiere.		*La Convicción del Pecado*
¡Oh! ¡si Aquél con su gran compasión	Apocalipsis 7:17	
Enjugar nuestro llanto pudiere!	Juan 16:33	
A lo largo miramos a Aquél		
Que el dolor sin razón conoció;	Isaias 53:3,4	
Confesar nuestras faltas a Él	Rom. 10:9,10,13	*Arrepentimiento*
Nos devuelve el Consuelo de "yo".	Juan 5:24, 8:32	*El Renacer*
	Juan 1:12	

EL DESIERTO

Toda gracia reside en su seno		*La Victoria Inicial*
Que piadoso contesta al clamor;	2 Corintios 9:8	
De promesas y amor está lleno	Juan 15:5-7	*La Esperanza*
El Calvario de nuestro Señor.		

Pero el monstruo del "yo" se interpone		*El Conflicto de Romanos 7*
Insistiendo en regir nuestro paso,	Rom. 7:18,19	
Y en lugar de la paz que repone		*La Carne contra El Espiritu*
Encontramos un Nuevo fracaso		*(Ga. 5:17)*
Mientras sigue feroz la batalla		*Descendencia hacia el fin del*
Y nuestra alma no encuentra sosiego	Rom. 7:24	*"Yo"*
Su promesa los gritos acalla:		
…"Llevaré de las manos al ciego."	Isaias 42:16	*El Animo*
Si dudamos cuando Él nos dirige		*Guiado por el Desierto*
Por sendero que nunca escogimos,		
Su Palabra divina nos rige:		
Para vida, primero morimos.	Lucas 9:23,24	
Como túnel que en el centro es oscuro		*Llegando al fin del "Yo"*
Anhelamos la luz en el paso,		
Angustiados tocamos el muro		*La Oscuridad de la*
No por fe: Por miedo el fracaso.	2 Cor. 5:7	*Desesperación*
De la ley del Espíritu Santo		*Acercándose al Canaán*
Alejados: pidiendo Consuelo;		*La Iluminación de la Cruz*
Si de Cristo tocamos el manto,	Gál. 2:20	*por El Espiritu Santo*
En la tierra tendremos el cielo.	Phil. 4:7	*La Muerte, Resrrección y la*
		Identidad en Cristo Revelada

EL CANAAN

Hoy como antes principia el combate		*La Guerra Espiritual*
Sin estar preparados y fuertes;		*Unas escaramuzas menores*
Y Satanás con sus dardos abate	Ef. 6:16	
Intentando causarnos la muerte.		
Cuando lanza su ataque sangriento	1 Pedro 5:8,9	*¡Un Guerra Total!*
Por ganar el terreno perdido,		
Vacilamos perdiendo el aliento		*Aprendiendo a Estar Firme*
En la Guerra y su cruel estallido.	Ef. 6:12	
Comprendemos que todo es fracaso		*¡La Victoria en el Victorioso!*
En Batalla ante Cristo Jesús,		
Y queremos volver nuestro paso	1 Cor. 2:14	
Mientras Él nos libera en la cruz.	2 Cor. 4:11	*Morando en El Victorioso*

Nuestra carne adherida a la suya,
En su vida se hará manifiesta.
Dejaremos al mundo que huya
Cuando oigamos su dulce respuesta. Heb. 4:3

La Cruz Diaria (2 Cor. 4:11)

Si la via se torna macabra
Dios te lleva asido, mi hermano;
Al momento que el túnel se abra,
Habrá luz en el paso cercano.

El Reto y Esperanza para que la Plenitud Del Espiritu Santo sea una Realidad

Para Mí el Vivir es Cristo

LOS APÉNDICES

EL APÉNDICE A
DEFINICIÓN DE TÉRMINOS

Estos términos son definidos como la Comunidad Internacional de la Gracia los entiende y los utiliza

VIEJA NATURALEZA (Viejo hombre, vida en Adán)

El espíritu no regenerado o la vida en Adán antes de la Salvación. (Romanos 6:6; Colosenses 3:9)

HOMBRE NUEVO

El espíritu regenerado o la nueva naturaleza, que consiste de un nuevo espíritu humano habitado por el Espíritu Santo (Colosenses 3:10)

CARNE (EN SÍ MISMO, VIDA PROPIA)

- La posición del no-cristiano que está esclavizado al poder del pecado por el viejo hombre
- La condición del cristiano donde su personalidad está rendida, sabiéndolo o no, al control del pecado que lo habita, lo que resulta en vivir bajo el esfuerzo humano.

CARNAL (CARNALIDAD) — (Definiciones alternas)

Las percepciones distorsionadas y egoístas del alma, valores, mensajes de identidad y mecanismos que son aprendidos de manera independiente de Dios para hacer frente a la vida.

PECADO

Una fuerza o poder no santo que está en mí pero no soy yo. A veces refiere a actos individuales de pecado (1 Juan 1:7,9; Romanos 7:20)

PECADOS

Caídas cortas del estándar; violaciones de las leyes de Dios; actos de desobediencia (Romanos 3:23; 1 Juan 3:4)

POSICIÓN Y CONDICIÓN

- **POSICION:** Mi verdadero lugar. Tengo una posición espiritual de estar en Adán o en Cristo (Romanos 5:1)
- **CONDICIÓN:** Mi condición o estado. Esta condición puede o no reflejar mi posición. Condición se refiere a los sentimientos y experiencias. Puede o no reflejar la Verdad (Hebreos 5:12-14)

EN LA CARNE

La posición del hombre no regenerado que está en Adán (Romanos 8:8)

TRAS (GUIADO POR) LA CARNE

Un estado que puede caracterizar el caminar de un cristiano. Estar permitiendo que el pecado controle mi vida como si estuviera separado de Cristo.

VIDA ETERNA

La vida de Cristo. La vida de Dios que no tiene principio ni fin (1 Juan 1:1,2, 1 Juan 5:12)

ETERNA HUMANA

Vida que empieza con Adán y no tendrá un final (Juan 4:47)

IDENTIFICACIÓN

Un proceso de participar en la muerte, sepultura, resurrección y ascensión del Señor Jesucristo que resulta en una conciencia de la vida de uno en Cristo como lo revela el Espíritu Santo. Esta conciencia viene después de experimentar la realidad de la muerte o "co-crucifixión" con Cristo en algún momento de la vida de uno mismo. Cada creyente es identificado con Cristo al salvarse aunque es una realidad, tipica que el creyente no haya apropiado tal identificación y sus resultados en su experiencia (Romanos 6:11; 2 Corintios 5:17).

COMPROMISO TOTAL (ENTREGA TOTAL)

Una decisión de la voluntad, a un punto del tiempo, dándole permiso a Dios de tener el completo control de la vida de uno. "Abandono temerario de uno mismo a Dios" (Hannah W. Smith). (Romanos 12:1,2)

ACEPTACIÓN

El estado de ser recibido y totalmente amado, de manera incondicional, sin ningún mérito personal, con base en la vida del Señor Jesús. (Efesios 1:6)

SEGURIDAD

Una segura persuasión que tengo una relación espiritual eterna e inquebrantable con Dios mediante el Señor Jesucristo. (Juan 6:37,39)

VERDAD

Lo que dice Dios…sin importar lo que yo pienso, siento o experimento (Juan 8:32)

LA CRUZ

- **En Redención:** La muerte de Cristo por nosotros. Sacrificio substitutivo de Cristo que compró el perdón del pecado para el hombre. (1 Pedro 2:24; Isaías 53:6)
- **En Regeneración:** Nuestra muerte con Cristo. La unión de creyente con Cristo involucra el "viejo hombre" siendo crucificado. Ahora el espíritu del creyente es el "nuevo hombre" en Cristo. (Romano's 6:6; Gálatas 2:20)
- **En Consagración:** La consideración del creyente de su unión con Cristo. Esto resulta en libertad práctica de la autoridad del pecado y empoderamiento de la vida de Cristo. (Romanos 6:11; Romanos 5:10)
- **En Dedicación:** La negación del creyente de sí mismo y su aceptación de la voluntad y los caminos de Dios (Lucas 9:23).
- **En Liberación:** La autoridad del creyente sobre el sistema del mundo (Gálatas 6:14) y fuerzas demoníacas mediante la victoria de Cristo en el Calvario. (Colosenses 2:13-15; Santiago 4:7)

LA ESPIRITUOTERAPIA

"Consejería basada en la Biblia, centrada en Cristo y en la Cruz, y enfocada en las necesidades del cliente."

EL APÉNDICE B
¿QUIÉN SOY YO?

MI IDENTIDAD—RELACIONÁNDOME CON DIOS:

DIOS:

Su creación—hecha a su imagen (Gen. 1:26,27). Su Hijo, Él es mi Padre amoroso (1 Juan 3:1) Un individuo, de una-clase—que es hecha a mano, obra original de Dios con personalidad dada por Dios (Efesios 2:10). Yo soy precioso a Su vista (Salmos 116:15).

JESUCRISTO:

Yo soy de Él, Él pagó un precio por mí – Su Vida (1 Corintios 6:18-20). Yo soy aceptado por Él (Efesios 1:6). Él me ama sin reservas o títulos, me ama con un amor Eternal (Juan 3:16; 1 Juan 3:1; Salmos 52:8, Jeremías 31:3).

EL ESPÍRITU SANTO:

Él está habitando en mi (Juan 14:17). Soy regenerado por Él (Tito 3:5). Soy sellado por Él (Efesios 1:13,14). Soy hecho salvo y seguro bajo la propiedad de Dios (Juan 10:27,28).

MI FAMILIA:

Yo soy ____________ (esposo/esposa/hijo) responsable de responder y Obedecer lo que Dios y sus mandamientos ordenan que debo hacer (en amor). Yo soy ___________ (papá/mamá/hijo/hija) y disfruto de una Santa relación con ellos.

LA FAMILIA DE DIOS:

¡Un miembro de la superior familia en el cielo y en la tierra! Gozando con otros miembros del Cuerpo de Cristo, local y universal. Gozando de los privilegios de comunión con los que pertenecen a Dios.

OTRAS PERSONAS

Relacionado con varias opciones de personas en una Iglesia amorosa y unida. Gozando en grandes reuniones con personas de trabajo (en la Iglesia) y acogiendo y compartiendo relaciones con amigos, familiares, y trabajos asociados (Buscando una meta).

EN EL TIEMPO:

Soy una persona bajo construcción—(una obra en progresión) en proceso, no soy un producto terminado, pero creciendo en la gracia y conocimiento de nuestro Señor y Salvador Jesucristo. Poseedor de Vida Eterna, abundante en Cristo. Compartiendo la herencia con Cristo porque es de Él. Todo lo que pertenece a Jesús me pertenece a mí, por cuanto estoy en Él y Él en mi.

EN ETERNIDAD:

Yo recibiré como herencia de Su plenitud: Un cuerpo resucitado, sabiendo que seré glorificado, experimentando la gloriosa libertad de los hijos de Dios, conforme a la imagen del hijo de Dios.

EL APÉNDICE C
MI IDENTIFICACIÓN CON CRISTO

EN SU MUERTE—ÉL MURIÓ POR MI
(Romanos 5:8)

Esto significa que me dio perdón, y aceptación completa.

YO MORÍ CON ÉL
(Romanos 6:6)

Esto pone al viejo hombre "fuera de negocios" – me liberó de lo que yo era en Adán, un esclavo del pecado.

EN SU ENTIERRO —YO FUI ENTERRADO CON ÉL
(Romanos 6:4)

Esto significa que si me quiero relacionar con el viejo hombre, voy a tener que cavar y desenterrarlo, tratar de limpiarlo, y ponerlo presentable y en alto.

EN SU RESURRECCIÓN—YO VIVO EN ÉL, CON UNA NUEVA VIDA
(Romanos 6:4b,5)

El viejo camino de pecado y muerte no tiene más derecho en mi.

EN SU GLORIA—YO COMPARTO EL ESPLENDOR DE SU CARÁCTER POR SU PRESENCIA EN MI VIDA
(Juan 17:22; Romanos 8:17,18; 2 Corintios 4:7)

¡Mi humanidad es llenada porque Él vive en mí, y me hace el hombre/mujer que quiero ser en Su Gracia!

EN SU PREOCUPACIÓN POR EL MUNDO PERDIDO—YO HE SIDO ENVIADO COMO SU EMBAJADOR A COMPARTIR LAS BUENAS NUEVAS AL MUNDO QUE NO LE CONOCE

(Juan 17:18,20; 2 Corintios 5:19-21):

EN SU TRIUNFO—ÉL SIEMPRE ME GUÍA EN TRIUNFOS

(2 Corintios 2:14):

Sobre el Pecado	Romanos 6:14
Sobre las Circunstancias	Romanos 8:25-28
Sobre Satanás	Colosenses 2:15

EN SU REINADO

Ahora:	¡Yo voy a reinar en la vida a través de Él!	Romanos 5:17 2 Timoteo 2:12
Futuro:	¡Yo voy a reinar con Él!	Apocalipsis 5:10

COMO CO HEREDERO—COMPARTIENDO TODO LO QUE ES DE ÉL (O LO QUE ES EL)

(Romanos 8:14,17):

Esto significa más de lo que puedo comprender, su Palabra dice: "....todo es vuestro, y vosotros de Cristo, y Cristo de Dios" (1 Corintios 3:21-23)

PERO TAMBIÉN EN SU SUFRIMIENTO

Esto es parte del paquete, porque somos "herederos"—En sufrimiento con Él, pero nos gloriaremos con Él (Romanos 8:17b; Filipenses 1:29, and 1 Pedro 4:12,13)

EL APÉNDICE D
LA NATURALEZA PECAMINOSA

¿Por qué todavía experimentan los creyentes una resistencia a la vida justa (sin pecado)? Tradicionalmente, la influencia hacia el pecado ha sido llamada, 'la naturaleza pecaminosa'. Sin embargo el uso de este término bíblico sólo describe nuestra condición inconversa. (En la traducción NIV, la terminología, 'la naturaleza pecaminosa' ocurre 23 veces en el Nuevo Testamento. Cada una se traduce de la palabra 'la carne' (En el griego: *sarx*].) El problema con la terminología de 'la naturaleza pecaminosa' es que esto implica que el creyente tiene dos naturalezas que son juntamente iguales. (La vieja y la nueva). Sin embargo, como el diablo no es equivalente a Dios, por tanto el principio del pecado no es equivalente al nuevo espíritu del creyente.

> *Porque en otro tiempo erais tinieblas, mas ahora sois luz en el Señor; andad como hijos de luz* (Efesios 5:8).

Tenga en cuenta que la naturaleza esencial del creyente (en su espíritu) es justo. Como nos declara Pablo,

> *Porque según el hombre interior, me delito en la ley de Dios;* (Romanos 7:22).

El Cristiano realmente enfrenta una tendencia pecaminosa en su carne. Gálatas 5:17 describe este conflicto:

> *Porque el deseo de la carne es contra el Espíritu, y el del Espíritu es contra la carne...*

¿Por qué es importante diferenciar entre la carne y la equivalente naturaleza pecadora o el viejo hombre? Note la respuesta de Pablo:

> *De manera que ya no soy yo quien hace aquello, sino el pecado que mora en mí, y yo sé...esto es en mi carne, no mora el bien* (Romanos 7:17,18)

Como una persona nueva en Cristo, su espíritu desea justicia; ¡Esta es su naturaleza esencial! ¡La carne (el "Yo") está en usted, pero no es usted! Por lo tanto, la influencia del pecado funciona fuera de su nuevo espíritu. El mal viene contra nosotros por el diablo, con el mundo secular, dándonos la tentación a través de la carne. (1 Pedro 5:9; 1 Juan 2:14,15; Romanos 13:14). Ya que es Usted una nueva persona en Cristo (posicional y espiritualmente), ¡su naturaleza esencial es amar a Dios y vivir justamente!

> *Y vestíos del nuevo hombre, [siendo que su alma sea gobernada por su espíritu] creado según Dios en la justicia y santidad de la verdad.* (Efesios 5:24).

EL APÉNDICE E
LA REVISIÓN

La vida intercambiada no significa pasividad ni produce la inmunidad al pecado. Se trata de decisiones activas a caminar conforme a nuestra identidad en Cristo. Debemos decidir andar en la dependencia en el poder del Espíritu Santo.

El viejo hombre era independiente y desobediente a Dios. Tuvo que morir para que nuestro cuerpo de pecado sea destruido (Romanos 6:6). La muerte es el final de una relación, pero no de la existencia. El pecado no ha muerto; existe todavía y es afanoso y atractivo. El pecado y Satanás todavía existen pero la virtud de la justificación del viejo hombre, el poder del pecado sobre Usted está roto (Romanos 6:7). Satanás es vencido. Él no tiene ninguna autoridad sobre nosotros, pero él está comprometido en no dejarnos reconocer ese hecho. Nuestra eficacia como Cristianos puede ser bloqueado si él nos logra engañar al creer que no somos nada, sólo un producto del pasado, propenso al fracaso, y controlados por nuestros hábitos. Mientras nos confunde y nos enceguece con sus mentiras, del modo que aprendimos a vivir la de la misma manera que vivimos antes de pertenecer a Cristo (carnalmente programados en nuestras mentes) dictando nuestras elecciones. Debemos ser transformados por la renovación de nuestras mentes… (Romanos 12:2)

> *Somos una nueva criatura (un nuevo ser, una nueva identidad, con una nueva naturaleza): Las cosas viejas pasaron; he aquí todas son hechas nuevas* (2 Corintios 5:17).

Debido a que la Vida de Cristo es eterna (sin principio/y sin fin). Tengo un nuevo pasado, un presente que es seguro y un futuro glorioso.

Todo lo que le pertenece a Él, nos pertenece a nosotros. Todo lo que le sucedió a Él, a nosotros nos sucedió (a los creyentes). La victoria es nuestra experiencia cuando cedemos a Su vivir en nosotros y respondemos a la vida de nuestra nueva naturaleza (Diariamente, momento a momento). Como creyentes, tenemos que recordar que con Cristo en nosotros, nunca habrá demandas puestas sobre nuestras vidas que superan los recursos en Cristo. Así, cualquier toque en la puerta de tu vida, no le respondas. Pídale a Jesús que Él responda y descanse en la Vida que es de Cristo.

SOMOS LIBRE EN CRISTO –
NUESTRA LIBERTAD ES NUESTRA HERENCIA
GÁLATAS 5:1

EL APÉNDICE F
ESTUDIOS ADICIONALES PARA AYUDARLE

Libre para Tomar—La Vida	Cooke, Joseph R.
Cambiando el Poder de la Gracia, Cristianismo Clasico	George, Bob
Una Vida Garantizado	Gillham, Bill
Momentos Quietos de Poder	Gordon, S.D.
El Nuevo Tú, Lo Último en Ceder	Gregory, Lewis
Vida del Nuevo Testamento	Harrison, Norman B.
Camino del Calvario	Hession, Roy
Hueso de sus Huesos	Huegel, F.J.
El Poder Sutil del Abuso Espiritual	Johnson, David
Fe es la Victoria	Kazee, Buell H.
Nuestra Unidad con Cristo	Kuykendall, David
El Sentimiento del Espíritu	Legters, L.L.
La Cruz	Lloyd-Jones, Martyn
Fracaso, Detrás de la Puerta del Éxito	Lutzer, Erwin
Como Puedo Ser Santo en este Mundo? La Suficiencia de Cristo	MacArthur, John
Creciendo en Gracia	Matthews, Victor
Lleno de Cristo	Maxwell, L.E.
Nació Crucificado	Thomas, Major Ian
Tres-Secretos del Espíritu Santo	McConkey, James
El Misterio de la Cruz	McGrath, Allister E.
La Vida de Cristo para Tu Vida	Meyer, F.B.
Habitando en Cristo	Murray, Andrew
Los Dos Pactos Rendimiento Absoluto, La Vida Cristiana Normal	Nee, Watchman
Libertad del Espíritu Igual a Él en el Cambio Nacimiento Correcto	Needham,David
¡Di Si! Al Cómo Renovar Tú Pasión Espiritual	Palau, Luis
Vida en lo Alto	Paxon, Ruth
La Centralidad de la Cruz	Penn-Lewis, Jesse
En Cristo Jesús	Pierson, A.T.
Viviendo la Vida Cristiana Victoriosa	Redpath, Alan
La Vida Cristiana	Simpson, A.B.
Los Secretos de una Vida Cristiana Feliz	Smith, Hannah-Whitall
Hacia la Felicidad y Tú	Solomon, Charles R.
Hacia la Felicidad	Solomon, Charles R.
Del Rechazo a la Acceptación	Solomon, Charles R.
Manual de Consejeria Centrada en Cristo	Solomon, Charles R.

Cartas Verdes	Stanford, Miles
Adversidad	Stanley, Charles
Cristianos Auténticos	Stedman, Ray
La Cruz de Cristo	Stott, John
El Despertar de la Gracia	Swindoll, Charles
La Clave para una Vida Triunfante	Taylor, Jack
La Vida Salvadora de Cristo	Thomas, Major Ian
El Misterio de la Piedad, El Cristiano Increible	Tozer, A.W.
Victoria en Cristo	Trumbull, Charles
La Nueva Vida	Wallis, Reginald
Distracción en el Desierto	Wells, Michael

OPORTUNIDADES DE ENTRENAMIENTO A DISTANCIA

EL TALLER DE VIDA TRANSFORMADA

El taller de *Vida Transformada* pone en práctica el conocimiento adquirido en la conferencia de *Vida Transformada*. Estos dos días y medio del programa utilizan las enseñanzas y "manos a la obra" en el entrenamiento para consejería, y técnicas de discipulado, se desarrolla cada mes de Marzo, Agosto, y Noviembre en Pigeon Forge, TN.

Pre-Requisito: Conferencia de *Vida Transformada*

LA ESCUELA DE *ESPIRITUOTERAPIA®* SOLOMON

Estos tres días y medio a nivel de módulo de salón de clase dirige la consejería y sus fundamentos teológicos y tópicos relativos. Los contenidos de la escuela pueden obtenerse también en un álbum de casetes y libro de notas. La escuela de *Espirituoterapia®* Solomon es ofrecida en Pigeon Forge, Tennessee durante los meses de Marzo, Agosto, y Noviembre.

Pre-Requisito: Taller de *Vida Transformada*

EL INSTITUTO DE CONSEJERIA SOLOMON
www.GFICounselingInstitute.com

Un diplomado En Consejería Bíblica está disponible en educación a distancia. Este incluye un currículo de dieciséis cursos con el ritmo cómodo para el estudiante, a través de una guía de estudio, busque nuestra página web o solicite el catálogo de información a distancia.

Pre-Requisito: Bachillerato o Diploma GED

www.ingramcontent.com/pod-product-compliance
Lightning Source LLC
LaVergne TN
LVHW081407110826
845149LV00010B/1661

* 9 7 8 0 9 9 6 5 2 4 9 6 4 *